역사 교과서
집필진이 쉽게
풀어 주는

술술
한국사

2 고려 시대

그림 백대승

대학에서 만화와 애니메이션을 전공하고, 지금도 다양한 애니메이션과 어린이를 위한 그림책을 그리고 있다. 애니메이션 〈왕후 심청〉의 아트 디렉터로 일했으며, 그린 책으로는 《초록 눈 코끼리》《무서운 호랑이들의 가슴 찡한 이야기》《하얀 눈썹 호랑이》《검고 소리》 등이 있다.

역사 교과서 집필진이 쉽게 풀어 주는

술술 한국사 ❷ 고려 시대

1판 1쇄 발행 | 2015. 1. 5.
1판 6쇄 발행 | 2016. 12. 27.

조민숙 글 | 백대승 그림 | 정호섭 감수

발행처 김영사 | **발행인** 김강유
등록번호 제 406-2003-036호
등록일자 1979. 5. 17.
주소 경기도 파주시 문발로 197(우10881)
전화 마케팅부 031-955-3100 편집부 031-955-3113~20
팩스 031-955-3111

ⓒ 2015 조민숙

값은 표지에 있습니다.
ISBN 978-89-349-6919-8 44900
    978-89-349-6917-4(세트)

좋은 독자가 좋은 책을 만듭니다. 김영사는 독자 여러분의 의견에 항상 귀 기울이고 있습니다.
독자의견전화 031-955-3139 | 전자우편 book@gimmyoung.com
홈페이지 www.gimmyoungjr.com | 어린이들의 책놀이터 cafe.naver.com/gimmyoungjr

이 도서의 국립중앙도서관 출판시도서목록(CIP)은 서지정보유통지원시스템 홈페이지(http://seoji.nl.go.kr)와
국가자료공동목록시스템(http://www.nl.go.kr/kolisnet)에서 이용하실 수 있습니다. (CIP제어번호 : CIP2014028455)

⚠주의 책 모서리에 찍히거나 책장에 베이지 않게 조심하세요.

일러두기

1. 책 속에 들어간 인용문은 원문을 최대한 살리는 것을 원칙으로 하되, 읽고 이해하는 데 어려움이 있는 부분은 현대적 표현으로 바꾸어 실었습니다.

2. 찾아보기는 내용상 중요한 단어들로 뽑았으며, 본문에서도 색글자로 강조했습니다(단 중복해서 나오는 단어는 처음 한 번만 강조).

3. 어려운 용어나 덧붙여 설명할 내용이 있는 단어 앞에 •를 표기했습니다.

역사 교과서
집필진이 쉽게
풀어 주는

술술
한국사

2 고려 시대

조민숙 글 | 백대승 그림 | 정호섭 감수

주니어김영사

가장 뜨거운 화두인
한국사

한국사는 오늘날 영토 갈등, 역사 왜곡 등 세계 여러 나라와 얽힌 이해관계 및 국내외의 정세와 맞물려 한층 그 중요성이 강조되고 있습니다. 또 얼마 전에는 '한국사 교과서 국정 교과서화' 논란이 다시 일기도 했지요. 이에 교육 현장에서는 올바른 역사 교육을 통한 역사 바로 세우기에 대한 관심이 높아지고, 구체적인 대책을 마련해 역사 교육을 강화하려는 방침을 세우고 있습니다. 2017학년도 수능부터 모든 수험생이 필수적으로 한국사를 응시하도록 하면서, 한국사의 중요성은 더욱 증대되고 있는 실정입니다. 더불어 강화된 정책만큼 한국사를 어떻게 가르치고 공부해야 하는지에 대한 교육 현장의 고민도 늘어나고 있습니다.

우리나라 사람들이 역사에 가장 관심을 갖는 시기는 학창 시절입니다. 요즘은 초등학교 고학년부터 역사를 배웁니다. 그러다가 중학교 때 다시 배우기 시작하는 《역사 1》은 초등학교 역사에 비해 훨씬 어렵습니다. 정보량이 갑자기 폭발적으로 늘어나기 때문입니다.

〈역사 교과서 집필진이 쉽게 풀어 주는 술술 한국사〉(이하 〈술술 한국사〉) 시리즈는 변화하는 역사 교육의 소용돌이 속에서 든든한 안내자 역할을 하며 다년간 교육 현장에서 역사 교육에 종사해 온 전문가들에 의해 기획되었습니다. 청소년의 수준을 고려해 쉽고 흥미롭게 한국사를 접할 수 있도록 내용을 선별하고 친절하게 서술하는 데 온힘을 쏟았기 때문에 어려워지는 한국사 수업에 침착하게 대처할 수 있게 합니다. 따라서 〈술술 한국사〉 시리즈는 수능시험에서 필수 과목으로 한국사에 응시해야 하는 현재의 중·고등학생들을 위해서라도 반드시 필요한 책이라고 생각합니다.

감수를 맡으면서 검토해 본 결과, 〈술술 한국사〉의 최대 장점은 최신 교과 과정과 이후 교과 개편 방향을 반영하면서도 술술 읽히도록 자연스럽게 풀어냈다는 점입니다. 암기식 학습으로 한국사에 흥미를 잃은 청소년들을 위한 반복 학습용으로 손색이 없다고 생각합니다. 특히 이 시리즈는 어느 한쪽으로 치우치지 않고 인물, 정치, 문화, 대외 관계 등을 흐름 속에서 파악할 수 있게 하는 한편, 내용의 흐름을 방해하지 않는 수준의 다양한 사진과 자료, 도표 등으로 내실을 강화했고, 중·고교 교과 이후에 알아도 될 정보는 과감히 빼, 기존의 초등학생들을 위한 흥미 위주의 역사서와 성인을 위한 난해한 역사 교양서의 중간 다리가 되어 줄 것입니다.

이 책의 또 다른 특징은 근현대사에 대한 비중을 높였다는 점입니다. 개항기와 일제 강점기를 전공한 저에게는 청소년 대상 근현대사 교육이 강화되는 것이 바람직하다고 생각합니다. 기존의 한국사 도서들은 조선 후기까지의 역사만 자세하게 다룰 뿐 근현대사의 미묘한 부분을 제외시키거나 간략하게 언급하고 넘어가는 정도였지만, 〈술술 한국사〉는 청소년들의 바른 알 권리를 위해 근현대사를 세 권의 분량으로 다루고 있는 점이 눈에 띕니다.

〈술술 한국사〉의 저자들은 교과서를 집필하고 실제 현장에서 역사 교육에 몸담고 있는, 이미 이 분야에서 실력을 검증받은 분들입니다. 아무쪼록 〈술술 한국사〉가 역사에 대한 학습 도우미를 넘어 청소년들의 역사관을 바로 세우는 데 일조할 것을 기대합니다.

감수자 대표 한철호

역사를 바라보는
다양한 시각을 가지기를!

우리나라 사람들은 통시적이고 세계사적인 측면에서 역사를 바라보기보다 민족사 혹은 특정 국가사적인 측면에서 역사를 인식하는 경우가 많습니다. 더 구체적으로 따져 보면 고대사보다는 조선 시대 이후의 역사에 더 해박한 지식을 가지고 있곤 하지요. 그 이유는 우리나라 역사의 특수성에 있답니다. 우리나라는 20세기 전반에 식민지 지배를 받았고 후반에는 남북으로 분단되어 같은 민족끼리 전쟁을 치렀습니다. 게다가 남북 분단은 오늘날까지 이어지는 문제이기도 합니다. 이러한 역사적 배경은 우리나라 사람들로 하여금 역사란 국가 혹은 민족의 문제를 다루는 분야라는 인식을 갖게 만들었습니다.

이는 우리나라 역사학계에도 영향을 끼쳐, 역사 연구 전반에 민족주의 사관이 자리 잡는 원인이 되었습니다. 식민주의 역사학에 대한 비판과 대응에서 한국사 연구가 비롯되었고, 이러한 비판과 대응은 민족주의 사관에서 근거를 찾고 있기 때문이지요.

1960년대 이후 우리나라의 한국사 연구는 주로 고대사와 조선 후기에 집중되었습니다. 그러던 것이 1980년대에는 민주화라는 시대적 과제와 관련해 근현대사로 그 관심이 옮겨 갔습니다. 그러나 1990년대 이후 인문학과 사회 과학 분야에서 민족주의에 대한 비판이 쏟

아지기 시작했습니다. 민족주의는 제국주의 침략에 대한 저항의 수단이기도 했지만, 다른 한편으로는 내부 사회를 통제하고 체제에 대한 비판을 무력화시키는 이념이었기 때문입니다. 이러한 비판에도 불구하고 한국사 연구는 여전히 민족주의적 성향을 강하게 띠고 있답니다.

우리가 보통 우리나라의 역사적 전통이라고 생각하는 것 중 대부분은 조선 후기에 형성되었습니다. 조선 시대 이전의 역사는 소외되었다고 해도 과언이 아니지요. 이 책에서 다루고 있는 고려 시대도 마찬가지입니다.

고려 시대는 조선 시대와 비교해 사회 구조는 물론, 그 성격도 극명하게 달랐습니다. 고려 시대에는 불교가 국가 종교로서의 위상을 가지고 있으면서도 유교, 도교가 함께 공존했지만 조선 시대에는 불교를 배척하고 유교를 숭상했습니다. 우리나라를 예를 숭상하는 유교 국가로 여기는 것만 봐도 우리가 조선 시대 이후의 역사에 초점을 맞추고 있음을 알 수 있습니다.

오랫동안 교단에 서서 고등학생들에게 역사를 가르쳐 온 교사로서 특정 사관과 특정 시대에 치중된 역사 교육이 우려되었습니다. 그래서 이 문제점을 지금 당장 해결할 수는 없지만, 책을 빌어 문제의식을 조금이라도 반영해 보고 싶었습니다.

삼국 시대에서 고려 시대로 넘어오는 역사적 흐름을 이해하기 쉽게 서술하는 한편 고려 시대의 문화와 사회적 특성을 다양하고도 정확하게 다루기 위해 노력했습니다. 이 책을 통해 학생들이 우리나라 역사의 큰 흐름에 관심을 가지고 역사를 바라보는 다양한 시각을 갖게 되길 바랍니다.

조민숙

| 차 례 |

1장

고려의 건국과 귀족 사회의 형성

신라 말기에 정치·사회적으로 혼란이 심화되고 중앙의 정치권력이 약화되자 지방 세력이 성장하기 시작했어요. 그들 가운데 권력을 손에 쥔 견훤과 궁예가 새로운 나라를 건국하면서 이른바 후삼국 시대가 열렸지요. 이후 왕건이 후삼국 시대를 수습해 통일의 대업을 이루었어요. 왕건이 고려를 건국하고 국가의 체제를 정비하는 과정과 귀족 사회가 형성되는 과정을 살펴보도록 해요.

고려의
후삼국 통일

　780년에 진골 귀족들이 일으킨 반란으로 혜공왕이 죽으면서 신라는 내리막길을 걷기 시작했어요. 아버지 김주원이 왕이 되지 못한 것에 불만을 품은 김헌창이 일으킨 반란을 포함해 진골 귀족의 왕위 쟁탈전이 계속되면서 9세기 말에는 정치적 혼란은 물론, 사회·경제적으로도 혼란이 심화되었지요. 엎친 데 덮친 격으로 해마다 흉년이 들고 전염병까지 나돌면서 백성의 생활은 매우 궁핍해졌어요. 하지만 신라 정부는 백성을 돌보기는커녕 호화롭고 사치스러운 생활을 이어갔지요.

　국가의 재정이 부족해지자 신라 정부는 백성에게 더 많은 세금을 거두었어요. 이에 백성은 삶의 터전을 떠나 이곳저곳을 떠돌아다니거나 도적이 되었지요. 그러다가 힘을 모아 정부에 저항하기도 했어요.

　이처럼 국가 권력이 약화되자 지방에서는 호족이라는 새로운 정치 세력이 성장하기 시작했어요. 호족은 해상 세력 혹은 국방상 요충지에 설치된 군진의 지휘관 세력, 지방의 말단 행정을 담당하던 촌주 등 그 출신이 다양했는데, 경제력과 군사력을 갖추고 스스로를 성주 혹은 장군이라고 불렀어요. 호족 중에는 세력을 키워 나라까지 세운 이들이 있었는데 바로 견훤과 궁예랍니다.

경상도 상주 출신의 견훤은 신라의 군인이던 시절, 늘 앞장서서 용맹하게 싸워 장군이 되었지만 진성 여왕 때 정치가 혼란해지고 백성에 대한 수탈이 심해지자 신라 정부에 반기를 들었어요. 견훤은 892년에 전라도 일대를 장악한 뒤, 8년 후에 지금의 전주인 완산주에 도읍을 정하고 후백제를 세웠어요. 그리고 백제 부흥을 구실 삼아 옛 백제 지역 사람들의 지지를 이끌어 내려 했지요.

견훤은 막강한 힘을 바탕으로 전라도를 넘어 충청도 일대까지 장악했어요. 그러고는 신라의 수도인 경주를 공격해 마침 포석정에서 신하들과 연회 중이던 경애왕을 사로잡아 자살하도록 만들었지요. 이 일로 신라인들은 큰 충격을 받았어요. 아무리 신라의 국력이 약해졌기로소니, 금은보화를 약탈당한 것도 모자라 왕비와 궁녀들은 몹쓸 짓을 당하고 왕까지 죽었기 때문이에요. 견훤은 결국 이 일로 신라 백성의 민심을 잃고 말았어요.

▌**견훤산성** 후백제의 견훤이 축조한 것으로 전해지는 성곽으로, 경북 상주에 위치해 있다.

▌**궁예가 도성으로 삼은 궁터** 강원도 철원, 비무장 지대 안에 위치해 있다.

　한편 후고구려를 세운 궁예는 신라 왕족으로 태어났으나 나라에 이롭지 못한 인물이라는 예언 때문에 태어나자마자 죽을 고비를 겪었어요. 그를 몰래 안고 도망간 유모 덕분에 목숨은 건질 수 있었지만 이때 유모의 실수로 한쪽 눈을 잃고 말았지요. 궁예는 일찍이 출가해 승려가 되었는데 스스로 이름을 선종이라 했어요.

　궁예는 지금의 원주인 북원에서 반란을 일으킨 양길의 부하로 들어갔어요. 양길은 궁예를 후하게 대우했지만 궁예가 점차 세력이 커지며 인기를 얻자 그를 제거하려고 마음먹었어요. 하지만 이를 눈치챈 궁예가 먼저 양길을 공격해 승리를 거머쥐었지요. 궁예는 양길의 세력을 흡수해 더욱 큰 힘을 가지게 되었어요.

　궁예가 세력을 키울 수 있었던 데에는 약탈한 물건을 군사들에게 아낌없이 나누어 주어 민심을 얻었기 때문이에요. 또한 그는 스스로를 '미륵불', 즉 중생을 구제할 미래의 부처라고 불러 어지러운 세상에 지친 사람들에게 새로운 세상을 기대하게 했어요. 더욱이 신라에 좋지 않은 감정을 가지고 있던 고구려 출신 주민들의 호응도 어느 정도 작용했기 때문이지요. 그래서 고구려의 농민 반란군은 물론, 각 지방의 호족들까지 궁예를 따랐지요. 궁예를 따르던 호족 중에는 왕건 부자도 포함되어 있었어요.

궁예는 자신을 따르는 세력이 커지자 송악에 도읍을 정하고 901년에 후고구려를 세웠어요. 그리고 나중에는 철원으로 도읍을 옮겼지요. 개국 초기, 궁예는 병사들과 생사고락을 같이해 그들로부터 큰 호응을 얻었어요. 하지만 점차 권력이 강해지면서 궁예의 태도는 변하기 시작했지요. 신하들의 이야기를 귀담아 들으려 하지 않고, 신라에 큰 반감을 가지고 있어 항복하는 신라인까지 모두 죽였어요. 궁예의 행동은 갈수록 포악해졌고 남을 의심하기까지 했지요. 쓴소리를 하는 신하들을 반역죄로 몰아 죽이고, 자신의 부인은 행실이 나쁘다는 누명을 씌워 두 아들과 함께 죽였어요.

참다못한 홍유, 신숭겸, 배현경 등의 신하들이 궁예를 쫓아낸 후 왕건을 새로운 왕으로 추대했어요. 왕건은 송악(개성)의 호족 출신으로, 중국과의 해상 무역을 통해 경제력을 지닌 데다가 수군 활동으로 막강한 군사

▌후삼국 시대의 지도

적 기반도 갖추고 있었지요.

왕건은 나라의 이름을 '고려'로 바꾸고 고구려 계승 의식을 분명히 밝혔어요. 그리고 자신의 본거지인 송악으로 도읍을 옮겼지요.

왕건은 막강한 세력을 바탕으로 왕위에 올랐지만 호족들을 무시할 수는 없었어요. 호족들이 누구를 지지하느냐에 따라 후삼국의 운명이 결정된다고 판단했기 때문이지요. 왕건은 호족들에게 귀한 예물을 선물하면서 그들의 환심을 사기 위해 힘쓰는 한편, 6두품 출신의 학자들을 자기편으로 만들기 위해 노력했어요. 6두품 출신 중에는 학식이 뛰어나고 정치적인 능력을 갖춘 사람들이 많았거든요. 신라의 골품 제도 때문에 뛰어난 능력에도 높은 관직에 오르지 못해 불만이 컸던 6두품들은 훗날 고려가 성장하고 발전하는 데 크게 기여했답니다.

왕건은 궁예나 견훤과 달리 신라에 우호적인 정책을 펼쳤어요. 신라가 후백제의 공격으로 위기에 처하자 구원병을 보내기도 하고, 왕건이 직접 신라를 방문하며 적극적으로 평화 정책을 표방했지요. 왕건의 태도는 당시 신라의 왕이었던 경순왕의 마음을 움직였어요. 어차피 후백제나 고려에게 멸망당할 것이 뻔한 상황에서 이왕이면 신라에 우호적인 입장을 취하는 왕건에게 항복하는 것이 더 낫겠다고 판단한 것이지요. 935년에 신라의 경순왕은 결국 고려에 항복했어요. 이로써 왕건은 군사적 충돌 없이 신라를 얻게 되었지요.

왕건은 후백제에 대해서는 강경한 무력 정책을 펼쳤어요. 사실 왕건이 처음부터 그랬던 것은 아니에요. 후백제와 친선 관계를 맺으려 했지만 견훤이 먼저 공격을 시도하면서 두 나라 사이에 평화는 깨지고 말았지요. 전쟁 초반에는 후백제의 세력이 만만치 않아 왕건은 죽을 고비를 겪었어요. 하지만 뜻하지 않은 곳에서 고려에 행운이 찾아왔답니다. 견훤과 그의 아들인 신검 사이에서 싸움이 일어난 거예요. 견훤은 막내아들인 금강에게 왕위를 물려주려고 했어요. 그러자 맏아들인 신검이 견훤의 결정에 불만을 품고 반란을 일으켰지요. 신검은 배다른 동생인 금강을 죽이고 견훤을 금산사에 가두었어요. 왕위를 놓고 권력 다툼이 일어나 지배층 사이에 분열이 생기자 후백제는 혼란스러워졌어요. 신검이 왕위에 오른 후 어렵사리 금산사를 탈출한 견훤은 결국 왕건에게 항복하고 말았지요. 왕건은 견훤을 성대하게 맞이하며 토지와 노비, 말 등을 선물했어요.

936년에 왕건은 견훤의 요청으로 10만 군대를 편성해 후백제를 공격했어요. 아버지와 아들이 적으로 만난 거예요. 하지만 결국 고려에 밀린 신검이 항복함으로써 왕건은 후삼국 통일이라는 대업을 달성할 수 있었답니다.

고려는 신라에 이어 한반도를 다시 통일했어요. 고려의 통일은 단순히 한반도를 통일한 것 이상의 의미를 지녀요. 왜냐하면 발해의 백성까지 고려의 백성으로 받아들였기 때문이에요. 926년에 발해가 거란에 의해 멸망한 후 수많은 발해의 유민들이 고려로 망명해 왔어요. 이에 왕건은 그들을 동족으로 간주하고 관직과 토지를 주며 후하게 대접했지요. 이처럼 고려의 통일은 분열되었던 민족이 통합되었다는 점에서 값진 의미를 찾을 수 있답니다.

▌**금산사** 전라북도 김제에 위치한 사찰로, 왕위 계승 문제로 견훤의 맏아들 신검이 견훤을 가두어 두었던 곳이다.

국가의 기틀을 마련한 태조

　왕건, 즉 고려의 태조는 통일을 이룬 뒤에도 지방에서 여전히 독립적으로 세력을 이루고 있는 호족들이 부담스러웠어요. 그들의 도움으로 나라를 세우고 통일까지 이루었지만 호족들이 모두 태조의 신하가 되거나 국가에 협조적인 것은 아니었거든요. 그중에서도 후백제 지역 출신의 호족들이 특히 태조의 마음을 불안하게 만들었어요. 태조는 호족들을 고려의 신하로 끌어들이기 위해 건국 전보다 더 많은 노력을 기울였어요. 유력한 호족들의 딸을 데려다 부인으로 삼고 호족들을 사돈으로 만들기도 했지요. 일종의 정략결혼이었어요.

　그 결과 태조는 모두 스물아홉 명의 부인을 두었다고 해요. 그들을 통해 스물다섯 명의 왕자와 아홉 명의 공주도 낳았지요. 막강한 호족을 외가로 둔 왕자들이 많다 보니 왕건이 죽은 후에는 왕위 계승 분쟁이 일어나 나라가 혼란스러워지고, 왕권이 불안정해지는 부작용도 발생했답니다.

　태조는 호족들을 효과적으로 관리하기 위해 노력했어요. 호족들에게 공신의 칭호를 내리고 왕(王)씨의 성을 주어 그들을 자신의 세력으로 만들고자 애쓰는 한편, 기인 제도를 실시해 호족들을 견제했지요. 기인 제도는 호족의 자제를 볼모로 데려와 개경에 살게 하는 일종의 인질적 성격을 지니고 있었어요. 기인은 주로 중앙 관아에서 하급 관리인 이속과 같은 잡무에 종사했어요. 호족 입장에서는 자기 관할 지역에 대한 지배를 인정받을 수 있었고 확고한 위치를 보장받을 수 있었기 때문에, 기인 제도 시행 초기에는 왕권과 호족간의 상호 호혜적 바탕 위에서 운영되었지요. 고려 정부는 호족의 세력이 강할 때는 기인을 후하게 대접하다가 세력이 약해지면 점차 소홀히 대우하고 심지어는 힘든 노역까지 시켰어요.

태조는 또한 사심관 제도를 실시했어요. 사심관은 신라의 경순왕이 고려에 항복하자 그를 경주의 사심관으로 삼고 부호장 이하의 관직에 관한 사무 등을 맡긴 데서 비롯되었지요. 고려는 개경에 거주하는 호족 출신 공신들을 각각 그 출신지의 사심관으로 삼아 해당 지역을 관리하도록 해 간접적으로 지방을 통제했어요. 이와 같은 정책들은 호족 세력을 억제하고 중앙 집권을 이루는 데 크게 기여했답니다.

태조가 즉위한 지 34일 만에 여러 신하를 맞이하면서 "최근 백성에 대한 수탈이 가혹해지면서 백성의 삶이 어려우니…… 지금부터 마땅히 10분의 1세로 하라."라고 했다.

— 《고려사》

┃ **태조 왕건의 청동상** 1993년 고려 태조능인 현릉의 보수 공사 중에, 봉분 북쪽 약 5미터 지점에서 출토되었다.

태조는 민생을 안정시키기 위해 세금을 감면해 주고 새로운 정책을 마련했어요. 당시의 자영농들은 정해진 세율보다 훨씬 많은 양을 세금으로 바쳐야 했어요. 그러나 태조는 10분의 1만 세금으로 내도록 했지요. 그 외에도 억울하게 노비가 된 1000여 명의 사람들을 해방시키고 흑창이라는 빈민 구제 기관을 설치해 가난한 백성에게 곡식을 빌려 주었다가 추수기에 갚도록 하는 등 백성의 삶을 돌보았어요.

이와 같은 태조의 정책은 국가를 유지하는 데 꼭 필요한 것이었어요. 백성의 생활이 궁핍해지면 세금을 제대로 걷기 어렵고, 백성이 반란이라도 일으키는 날에는 후삼국 때처럼 나라가 혼란에 빠질 것이 분명했거든요.

태조는 풍수지리 사상과 불교를 이용해 백성을 정서적으로 안정시키고 민심을 수습하려 했어요. 그래서 수도인 개경에 많은 절을 짓고 불교를 국교로 선포한 뒤 적극적으로 장려했지요. 종교 행사인 팔관회와 연등회를 국가 차원의 행사로 개최하고 국내외의 훌륭한 고승들에게 국가 정책에 관한 자문을 구하기도 했어요.

1. 불교의 힘으로 나라를 세웠으니 불교를 장려하라.
2. 모든 절은 도선의 풍수지리 사상에 맞추어 세우고, 함부로 짓지 마라.
4. 우리는 중국 풍속을 본받아 왔으나 반드시 따를 필요가 없으며, 특히 거란은 짐승의 나라이기에 그들의 의관 제도를 본받지 마라.
5. 서경에는 국왕이 100일 이상 머무르라.
6. 연등회와 팔관회를 성실하게 개최하라.

위 글은 태조가 후손들에게 귀감으로 남긴 열 가지 유훈인 훈요 10조의 일부예요. 훈요 10조에는 태조가 어떤 사상을 바탕으로 정책을 세웠는지 잘 드러나 있답니다. 이후 불교는 국가의 장려 속에서 크게 번영했어요.

태조는 통일 이후 국가의 체제를 정비하는 동시에 북방으로 영토를 개척하고자 했어요. 평양을 북방 개척의 중요 기지로 여긴 태조는 평양을 서경이라고 부르며 제2의 수도로 삼았지요. 태조가 북방의 영토를 개척하려 한 것은 고려가 고구려를 계승한 나라임을 더욱 분명하게 하고 발해를 멸망시킨 거란의 침략을 대비하는 데 그 목적이 있었어요. 만부교 사건만 보더라도 거란에 대한 태조의 강경한 태도를 파악할 수 있답니다. 942년에 거란은 사신을 보내 낙타 50필을 선물하며 고려에 화친을 요구했어요. 그러자 태조는 "거란은 일찍이 발해와 화친했으면서도 맹세를 배반하고 발해를 멸망시켰으니 이는 심히 무도한 짓이다."라며 거란의 요구를 거절하고 사신들을 섬으로 귀양 보내는 한편, 낙타들은 만부교 아래 매어 놓고 굶어 죽게 했지요.

▌**개태사** 태조가 창건한 것으로 알려진 절로, 충남 논산에 위치해 있다. 예전의 개태사는 터만 남았고, 오늘날의 개태사는 조선 시대에 다시 세워졌다.

광종의 개혁 정책과
성종의 유교 정치

태조가 세상을 떠난 뒤 고려에는 치열한 왕위 쟁탈전이 일어났어요. 태조의 지나친 결혼 정책이 왕위 다툼의 큰 원인이었지요.

혼란 속에서 왕위에 오른 사람은 혜종이었어요. 혜종은 태조의 두 번째 부인인 나주 오씨 장화 왕후의 소생이었어요. 장화 왕후는 일찍이 태조가 궁예 휘하에서 나주를 정벌하고 그곳에 주둔할 때 만났다고 해요. 태조가 냇가에서 빨래를 하던 장화 왕후에게 마실 물을 청하자 그녀는 물을 급히 마시다 체하지 않도록 버들잎을 띄운 물바가지를 건넸고, 태조는 그녀의 지혜와 미모에 반해 결국 혼인을 했지요.

이후 왕건은 집안이 별로 좋지 않은 장화 왕후에게서 자식을 얻지 않으려고 노력했어요. 그러나 결국 혜종이 태어났지요. 혜종은 외가의 힘이 강하지 않아 태자로 책봉될 때 큰 반대를 겪어야만 했어요. 장남을 후계자로 삼으려는 태조의 심중을 알아차린 박술희의 도움으로 겨우 태자가 될 수 있었지요.

혜종이 태자에 책봉된 이후 태조는 혜종을 세력이 강한 집안의 딸들과 결혼시켜 권력 기반을 강화시켜 주려고 했어요. 하지만 태조가 죽고 난 뒤 이러한 노력은 결국 물거품이 되고 말았어요. 혜종보다 더 큰 세력을 형성하고 있던 배다른 아우들이 왕의 자리를 노리면서 왕권이 불안해졌거든요. 이 무렵 혜종이 기댈 사람은 왕규밖에 없었어요. 왕규는 광주의 호족 출신으로 두 딸을 태조와 결혼시킨 데 이어 혜종에게도 딸을 시집보낸 외척 가문의 실권자였어요. 당시 둘째와 셋째 왕자의 수상한 움직임을 눈치챈 왕규가 혜종에게 이들을 죽이라고 했지만 혜종은 왕규의 말을 듣지 않고 변함없이 그들을 아우로 대우했어요. 혜종의 심성이 착한 이유도 있었지만 현실적으로는 왕자들을 제거할 만큼 왕권이 강하지 못했기 때문이었지요. 이때부터 왕규는 혜종에게 불만을 품기 시작했어요. 혜종이 자신의 말을 듣기는커녕 셋째 왕자인 소에게 자신의 딸까지 시집보내자 왕규는 자칫하다가는 자신에게 화가 미칠지도 모른다고 생각했어요. 그래

▎나주 완사천 장화 왕후가 왕건을 처음 만난 곳으로 전해진다.

서 혜종을 죽이고 외손자인 광주원군을 새 왕으로 세우려는 계획을 세웠지요.

왕규의 암살 시도는 두 번에 걸쳐 이루어졌는데 모두 실패하고 말았어요. 한 번은 침실에 들이닥친 자객을 혜종이 직접 때려잡는 바람에 실패했고, 또 한 번은 신하 최지몽의 예언으로 혜종이 미리 피신해 실패하고 말았지요. 혜종은 왕규가 자신을 죽이려 한다는 것을 짐작했지만 왕규의 세력이 워낙 강해 처벌할 수 없었어요. 그렇게 계속 불안에 떨다가 결국 병을 얻어 재위 2년 만에 후계자도 정하지 못한 채 죽고 말았지요. 혜종에게는 아들이 있었지만 정식으로 후계자로 책봉하지 못한 데다가 왕권이 워낙 불안정한 상태여서 또다시 왕위를 둘러싼 분쟁이 시작되었어요. 혜종이 병석에 누워 있을 때 왕규는 자신의 외손자를 왕위에 앉히기 위해 반란을 준비하고 있었어요. 그러나 왕식렴이 먼저 선수를 쳐 왕규를 제거하고 혜종의 이복동생이자 둘째 왕자인 요를 왕으로 추대했지요. 그렇게 해서 왕이 된 것이 바로 정종이랍니다.

> 왕식렴은 조정의 기강이 떨어지려고 했으나 부흥시켰고 종묘사직이 기우는 듯했으나 다시 정비했으니 그대의 목숨을 건 노력이 아니었으면 내가 어찌 지금의 자리에 이르겠는가.
>
> ─《고려사》

정종은 왕식렴을 절대적으로 지지했어요. 이는 그만큼 왕권이 불안하다는 반증이기도 했지요. 정종은 왕권을 안정시키기 위해 왕식렴의 근거지인 서경으로 도읍을 옮기려 했어요. 서경 천도에는 서경이 길한 지역이라는 풍수지리 사상도 한몫했지요. 그러나 서경에 한창 대궐을 짓던 중, 왕식렴이 죽고 정종마저 병에 걸리자 이 계획은 중단되고 말았어요. 서경 천도 계획은 약 200년 후인 인종 때에 이르러서야 묘청이라는 한 승려의 주장으로 다시 진행된답니다.

한편 정종은 병세가 위독해지자 자신의 죽음을 예감하고 동생이자 태조의 셋째 아들인 소에게 왕위를 물려주었어요. 그리고 나서 곧 세상을 떠났지요. 949년에 소가 고려의 제4대 왕인 광종으로 즉위했어요. 광종은 즉위 초에는 호족 세력과 협력하며 민생을 안정시키기 위한 정책을 펼쳤어요. 신하들은 그런 광종을 긍정적으로 평가했지요.

하지만 광종이 쌍기를 등용하면서부터는 정치의 핵심이 왕권 강화와 호족 세력 약화에 집중되기 시작했어요. 쌍기는 중국의 후주 사람으로, 사신을 수행해 고려에 왔다가 병이 나 자신의 나라로 돌아가지 않았어요. 그러다 광종의 눈에 들어 고려로 귀화했지요. 광종의 총애를 받으며 높은 벼슬에 오른 쌍기는 광종의 개혁에 박차를 가했어요.

> 광종은 노비를 안검해 시비를 살펴 분별하라 명했다. 종이 그 주인을 배반하는 자가 헤아릴 수 없을 정도였다. 이 때문에 윗사람을 능멸하는 기풍이 크게 행해지니, 사람들이 모두 원망했다. 왕비가 간절히 말렸는데도 듣지 않았다.
> —《고려사절요》

먼저 왕권 강화를 위한 개혁의 일환으로 노비안검법과 과거 제도가 시행되었어요. 광종 7년에 실시된 노비안검법은 본래 양민이었다가 전쟁에서 포로로 잡히거나 빚을 갚지 못해 강제로 노비가 된 사람들을 판별해 신분을 회복시켜 주는 제도예요. 당시 노비는 개국 이래 수많은 공신, 특히 호족 출신 공신들의 군사·경제적 기반이 되었어요. 평상시에는 호족들의 토지를 경작하다가 유사시에는 사병으로 활약했거든요. 그래서 호족 출신 공신들은 노비안검법을 크게 반

대했어요. 거센 반발에도 불구하고 광종은 뜻을 굽히지 않았지요. 노비를 양민으로 환원시키면 호족의 세력을 약화시키는 것 외에도 국가의 재정 수입을 늘릴 수 있다는 점에서 광종에게 유리했거든요. 하지만 부작용도 만만치는 않았어요. 노비들이 거짓말로 자기의 주인을 모함하는 경우가 많아지면서 하극상 풍조가 생기고 신분 질서가 문란해졌지요.

과거 제도는 광종 9년에 처음 실시되었어요. 일찍이 신라 말에 당나라로 유학을 갔던 6두품 출신 유학자들이 과거 제도의 실시를 주장했을 때는 받아들여지지 않았던 것이 쌍기의 건의로 실시되기 시작했지요.

고려의 건국과 후삼국 통일에 기여한 호족 출신 공신들은 대부분 무인이었어요. 하지만 이들의 힘과 권력은 통일 전쟁이 끝나자 국가의 정치 체제를 완성하는 데 오히려 걸림돌이 되었지요. 게다가 왕을 보필하며 정책을 수행하려면 무인

보다는 유교적 학식을 갖춘 관료가 필요했어요. 광종은 과거 제도를 통해 두 마리의 토끼를 모두 잡으려 했어요. 이후 과거 제도를 통해 중앙 관리로 진출하는 호족들도 일부 있었지만 대부분의 호족들은 관직에서 밀려나 서서히 힘을 잃었어요. 그리고 새롭게 형성된 관료층이 왕권을 지지해 주었지요.

광종은 자신의 위상을 높이기 위해 다양한 노력을 했어요. 수도인 개경을 '황도'라 칭하고 준풍이라는 새 연호를 사용해 왕실의 위엄을 높이는 한편, 고려의 자주성을 강조했지요. 황도는 황제가 머무는 수도라는 뜻으로, 광종이 자신을 중국의 황제와 같은 존재로 부각시키려 했음을 알 수 있어요.

왕권을 강화하려는 정책이 본격적으로 실시되면서 호족 세력에 대한 무자비한 숙청도 이루어졌어요. 권신이라는 한 하급 관리가 공신인 준홍과 왕동 등을 역모로 고발하면서부터 호족에 대한 숙청은 시작되었는데 이후 이와 비슷한 사건들이 연이어 일어나면서 많은 사람들이 목숨을 잃고 정국은 혼란에 빠졌어요. 역모와 관계없는 충신을 모함하는 간신들이 잇따르고 주인을 모함하는 노비들이 늘면서 감옥은 사람들로 발 디딜 틈이 없었고, 죄 없이 죽임을 당하는 사람도 헤아릴 수 없을 정도로 많았지요.

이러한 부작용에도 불구하고 왕권을 강화하려는 광종의 노력은 계속되었고, 결국 개국 공신 계열의 호족 세력을 약화시키고 왕권을 강화하는 데 성공했어요. 광종이 왕권을 위협하는 세력을 철저히 제거함으로써 광종의 뒤를 이은 경종은 관직에 대한 대가로 토지를 지급하는 •전시과 제도를 마련할 수 있었고, 이를 토대로 성종은 왕권을 안정시킬 수 있었지요.

전시과 벼슬아치나 공신 또는 각 관아에 토지 및 땔나무를 댈 임야를 나누어 주던 제도

경종이 27세의 젊은 나이로 죽자 그 뒤를 이어 성종이 즉위했어요. 성종은 경종의 아들이 아닌 태조의 아들로, 유교적 소양을 갖춘 유학자였지요. 성종은 왕이 된 후 신하들에게 왕과 신하가 서로 조화롭게 정치를 펼칠 수 있는 훌륭한 대책을 써서 올리라고 명했어요. 이에 경주 출신의 유학자인 최승로는 다음과 같은 글을 올렸답니다.

이제 5대 왕조에서 정치와 교화가 잘 되었거나 잘못된 사적을 삼가 기록해 거울삼을 만한 일, 경계할 만한 일들을 조목별로 아뢰겠습니다. …… 불교를 믿는 것은 자신을 다스리는 것이 기본이요, 유교를 행하는 것은 국가를 다스리는 근원을 구하는 것인 바 자신을 다스리는 것은 내세의 복을 구하는 것이며 나라를 다스리는 것은 오늘의 급무입니다. 오늘은 가까운 것이요, 내세는 먼 것이니 가까운 것을 버리고 먼 것을 구하는 것이 역시 잘못이 아니겠습니까?

최승로는 태조에서 경종에 이르는 다섯 왕의 정치를 평가한 후, 그것을 토대로 앞으로 지향해야 할 정책과 군주의 모습에 대해 언급했어요. 이를 시무 28조라고 해요. 그 핵심은 유교적 정치 이념을 지향하고 덕치를 펼쳐 중앙 집권적 귀족 정치를 이루자는 것이었지요. 최승로는 연등회와 팔관회가 성대하게 치러지는 바람에 백성의 경제적 부담과 부역이 늘어나는 폐단을 집중적으로 지적하며 불교 행사의 축소를 건의했어요. 불교 자체를 부정한 것이 아니라 유교와 불교의 적절한 조화를 주장했지요. 최승로는 광종이 실시한 노비안검법을 비판하면서 신분 질서를 엄격하게 유지할 것을 강조했어요. 신분 질서가 혼란해지면 국가 체제가 무너질 것이라는 논리로 지배 계층과 피지배 계층을 철저하게 구분하려

했지요.

최승로는 근본적으로 호족 세력을 약화시키기 위해서는 외관(지방관)을 파견해야 한다고 주장했어요. 그 당시만 해도 지방에는 관리를 파견하지 않았기 때문에 지방 토호들이 횡포를 부려 백성에게 피해를 끼치는 경우가 많았거든요.

성종은 최승로의 시무책 대부분을 국가 정책의 기본 방향으로 수용했어요. 2성 6부의 중앙 통치 조직을 갖추고, 지방 제도를 마련해 12목에 지방관을 파견했지요. 12목은 고려 건국 이후 처음으로 실시된 지방 행정 조직이에요. 이후 현종 대에 이르러 지방 제도는 5도 양계 체제를 이루었지요.

▌고려의 지방 행정 구역

거란의 침입과 격퇴

　10세기 초, 약 300년간 통일 정권을 유지하던 당나라가 멸망하면서 동아시아의 정세는 또다시 불안정해졌어요. 중국의 화북 지방에는 후량을 시작으로 후당, 후진, 후한, 후주 등 5왕조가 이어졌고 화남과 기타 지역에서는 10개의 나라가 나타나 이른바 5대 10국의 혼란기를 이루었지요. 이 틈을 타 북방의 유목 민족들이 세력을 확장하기 시작했어요. 960년에 송나라가 건국되면서 5대 10국의 혼란을 수습했지만 그 사이 거란족이 여러 부족을 통일하고 요나라를 세웠지요. 거란은 926년에 발해를 멸망시킨 뒤 만주 지역은 물론, 만리장성을 넘어 중국 내륙으로 세력을 넓혀 연운 16주까지 차지했어요. 그 후 송나라와 거란은 연운 16주를 둘러싸고 오랜 싸움을 벌였어요.

　영토를 확장하기 위해 애쓰던 거란이 고려에 화친을 요청하는 사신을 보냈어요. 고려의 북방 개척을 막으려는 의도였지요. 하지만 태조는 거란의 화친을 거부했고, 거란을 짐승의 나라라 칭하며 후손들에게 접촉을 금지하라는 유언을 남겼답니다. 그 후 고려는 5대 10국의 중국 왕조나 송나라와는 화친을 맺었지만 거란과는 계속 대립적인 관계를 유지했어요.

세력이 더욱 커진 거란은 송나라와 고려를 위협하기 시작했어요. 이에 고려는 서북쪽 국경 방어에 만전을 기하는 한편, 만약을 대비해 거란과의 전쟁을 준비했지요.

993년 10월, 거란의 장군 소손녕이 80만 대군을 이끌고 고려를 침입했어요. 소손녕은 고려를 위협하며 항복을 요구했어요.

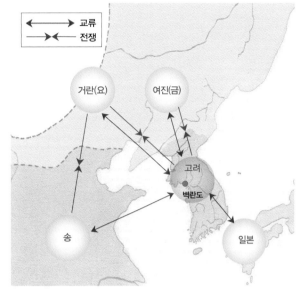
▌고려 전기 동아시아의 정세

"너희 고려는 신라 땅에서 일어났고, 고구려 땅을 차지한 것은 우리인데 왜 고구려 땅을 엿보는가. 더구나 멀리 바다 건너에 있는 송나라를 섬기니 우리가 군사를 이끌고 오지 않을 수가 없었다. 만일 너희 고려가 우리에게 땅과 조공을 바치지 않는다면 무사하지 못할 것이다."

사실 거란이 고려에 쳐들어온 것은 중국 내륙을 차지하려 송나라와 본격적인 전쟁을 치르기 전에, 고려와 송나라의 동맹을 단절시키고 고려를 거란에 복속시켜 송나라 정벌에 전념하기 위해서였어요. 그래서 거란군은 고려군과 싸우지 않고 항복을 받아 내려 했지요.

중국의 정세와 거란의 의도를 간파한 서희는 거란과 싸우지 않고도 문제를 해결할 가능성이 있다고 판단했어요. 서희는 당당히 거란군의 진영으로 들어가 적장인 소손녕의 위협에 정면으로 맞서 반박했어요.

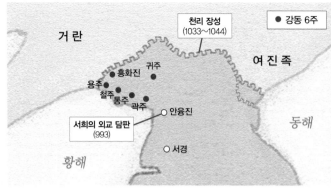

서희의 외교 담판으로 획득한 강동 6주

서희와 소손녕의 외교 담판 기록화

우리나라는 비록 신라 땅에서 일어났지만, 고구려를 계승했으므로 국호가 고려이고 평양을 서경으로 삼았다. 만일 땅의 경계를 따지자면 당신들의 동경(동경요양부)도 우리 영토인데, 어찌 우리가 당신들의 땅을 엿본다고 하는가. 압록강 유역의 땅도 본래 우리의 영토이나 여진이 몰래 자리를 잡고 간악한 짓을 하고 있으므로 길이 막혀 조공을 바치지 못한 것이다. 만일 지금이라도 여진을 몰아내고 우리의 옛 땅을 다시 찾아 길이 열리게 된다면 어찌 조공을 바치지 않겠는가. 내 말을 귀국의 황제께 아뢰도록 하라.

서희의 활약으로 고려와 거란의 협상은 순조롭게 타결되었고 두 나라 사이에 전쟁은 일어나지 않았어요. 형식적이나마 고려를 복속시킨 거란은 송나라와 외교 관계를 단절하겠다는 고려의 약속으로 송나라와의 전쟁 중 고려에게 기습 공격을 당할 걱정은 덜게 되었지요. 한편 고려는 이 일로 강동 6주 지방을 차지할 수 있었어요. 거란은 명분을, 고려는 실리를 얻은 셈이었지요.

그 후 고려와 거란은 활발하게 교류한 것은 아니지만 비교적 평화적인 관계를 유지했어요. 그러다가 갑자기 고려와 거란의 정세가 변하면서 두 나라 사이에 심상치 않은 조짐이 나타났지요. 1009년에 고려에서 강조의 정변이 일어나 정치적 상황이 크게 달라졌어요. 당시 왕이었던 목종이 스무 살이 넘도록 후사를 얻지 못하고 갑자기 병에 걸리자 모후인 천추 태후가 자신의 정부인 김치양과의 사이에서 낳은 자식을 왕위에 앉히려는 음모를 꾸몄어요. 그러나 이 사실을 알게 된 목종이 태조의 아들인 대량군에게 왕위를 잇게 하고, 서북면 도순검사 강조에게 왕궁을 호위할 것을 명했지요. 강조는 명에 따라 군사를 이끌고 개경에 들어와 김치양을 죽이고 천추 태후를 귀양 보냈지만 그 역시 목종은 더 이상 나라를 이끌기 어려울 것이라고 판단했어요. 결국 강조는 정변을 일으켜 대량군을 새로운 왕으로 세우고 목종을 폐위시킨 뒤 시해했어요. 1010년에 대량군은 현종으로 즉위했지요.

당시 거란에서는 어린 성종이 즉위한 이래 30년 가까이 섭정했던 소태후가 죽고 비로소 성종의 친정이 시작되었어요. 이로써 거란의 전성기도 시작되었지요. 친정을 시작한 성종은 강력한 대외 정복 활동을 추진하며 자신의 능력을 과시하려 했어요.

성종은 송나라와의 관계를 단절시키기 위해 강동 6주를 고려의 영토로 인정해 주었음에도 불구하고 고려가 여전히 송나라와 교류하고 있다는 사실에 분개했어요. 송나라와 고려가 연합해 협공할지도 모른다는 불안감이 들자 고려를 침략하려 했지요. 이에 고려에서는 사신을 보내 거란과 평화 관계를 지속하려 했지만 거란은 오히려 지금이야말로 고려를 침입할 좋은 기회라고 생각했답니다. 당시 강조의 정변으로 고려가 정치적으로 매우 혼란스럽다는 것을 잘 알고 있었거든요.

성종은 1010년에 목종을 시해한 강조의 죄를 묻는다는 명분으로 40만 대군을 이끌고 압록강을 넘어 흥화진을 공격했어요. 거란의 2차 침입이 일어난 거예요. 고려의 장군 양규는 물러서지 않고 흥화진을 지켰어요. 고려를 쉬운 상대로 여기고 쳐들어왔던 거란군은 공격이 뜻대로 이루어지지 않자 당황하기 시작했지요. 거란은 흥화진에서 물러나 군사 20만을 지금의 신의주 남쪽에 위치한 인주에 주둔시킨 뒤, 나머지는 모두 통주로 남진시켜 강조의 30만 대군과 전투를 치르게 했어요. 처음에는 강조의 군대가 거란군보다 우세했어요. 하지만 자만에 빠져 대비를 소홀히 한 탓에 결국 전투에서 패해 거란의 포로로 잡히고 말았지요. 당시 직접 전투를 이끌던 성종은 비록 포로지만 용맹스러운 강조의 모습에 감탄해 거란의 신하가 되기를 권유했답니다. 하지만 강조는 끝내 거절하고 장렬한 최후를 맞았지요.

기세가 오른 거란이었지만 후방에 있는 양규의 군대가 마음에 걸렸어요. 그래서 죽은 강조의 이름으로 항복을 권하는 문서를 만들어 양규에게 보냈지요. 하지만 양규는 자신은 왕명에 따라 싸울 뿐 강조의 명에 따라 싸우지는 않는다며 항복을 거부해 거란의 꾀에 넘어가지 않았답니다.

양규를 회유하는 데 실패한 거란군은 방향을 돌려 곽주를 점령하고 서경을 공격하는 한편, 주력 부대를 개경으로 보냈어요. 하지만 고려군은 용감하게 싸워 서경을 지켜냈지요. 거란은 점차 조급해졌어요. 양규의 군대가 거란에게 넘어간 곽주를 탈환하고 후방에서 점차 거란을 압박해 오고 있었거든요.

한편 고려의 지배층은 거란군이 수도인 개경까지 진격해 오고 있다는 소식에 겁을 먹고 거란에 항복하려 했어요. 사실은 거란도 불안하기는 마찬가지였답니다. 개경까지 진격하긴 했지만 언제 싸움의 판도가 뒤집힐지 알 수 없었거든요. 그래서 거란은 고려와 강화 협상을 체결하고 서둘러 군대를 철수하기로 했어요. 하지만 양규는 거란군이 순순히 철수하도록 놔두지 않았지요. 양규의 군대는 퇴각하는 거란군을 추격해 여러 차례 기습적으로 공격했어요. 그 결과 성종의 주력 부대에 큰 타격을 입히고 거란으로 끌려가던 고려인 수천 명을 구하는 성과를 거두었지요. 하지만 안타깝게도 양규는 성종이 직접 지휘하는 대군의 습격을 받아 전사하고 말았어요.

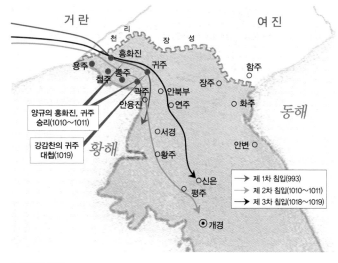

∥ 거란의 침입

거란의 2차 침입을 격퇴한 뒤 고려는 전후 복구에 힘쓰는 한편, 거란군의 재침을 막기 위해 외교에 많은 공을 들였어요. 성종의 생일을 축하하며 거란으로 사신을 보내는 등 불편한 관계를 해소하려고 애썼지요. 그와 더불어 일찍이 정종이 거란의 침입에 대비해 설치했던 *광군을 보완해 광군사로 개편하고 군사력을 증강하는 데 매진했어요.

고려를 침략하는 데 실패한 거란은 상당히 약이 올랐어요. 강화를 맺었지만 실질적으로는 아무런 성과도 얻지 못한 데다 오히려 철군할 때 기습 공격을 당해 많은 군사와 군마를 잃었거든요. 거란은 또다시 고려를 공격할 기회를 노렸어요.

얼마 후, 거란은 고려에 강동 6주의 반환을 요구했어요. 강동 6주가 군사적으로 상당히 중요한 지역이라는 사실을 뒤늦게 깨달은 거예요. 고려는 거란의 일

광군 고려 정종 2년에 거란의 침입에 대비하기 위해 조직한 농민 예비군

방적인 요구를 당연히 거절했고, 이것은 거란의 3차 침입의 구실이 되었답니다.

　1018년에 소손녕의 형이자 거란의 장군인 소배압이 강동 6주의 반환을 요구하며 10만 대군을 이끌고 고려를 침입했어요. 거란은 고려가 송나라와 다시 외교를 맺으려 한다며 침략을 정당화했지요. 이때 거란에 맞선 고려의 강감찬은 기묘한 전술을 이용해 거란군을 당황시켰어요. 강감찬은 흥화진에서 정예 부대 1만여 명을 뽑아 산골짜기 사이에 매복시켰어요. 그러고는 큰 줄로 소가죽을 꿰어 흥화진 동쪽의 강줄기를 막았지요. 거란군은 그런 줄도 모르고 마음 놓고 길을 건너갔고, 고려군이 물을 터뜨리자 놀라서 우왕좌왕했지요. 그 순간 때를 기다리며 매복해 있던 고려군이 사방에서 공격해 거란군을 크게 격파했답니다.

　소배압은 흥화진 전투로 큰 타격을 입었는데도 계속해서 개경을 향해 진격했어요. 거란군은 개경 부근까지 접근하는 데는 성공했으나 곧 철통 같은 수비에 막히고 말았지요. 개경 공격을 단념하고 군사를 철수시킬 수밖에 없었어요. 전투에서 연이어 패하면서 거란군의 사기는 갈수록 떨어졌어요.

　강감찬은 후퇴하는 거란군을 뒤쫓아 귀주에서 또 한 번 크게 무찔렀어요. 이

전투를 귀주 대첩이라고 해요. 처음에는 들판에서 전투가 시작되었어요. 하지만 양국의 군사 모두 죽기 살기로 싸워서인지 쉽게 결판이 나질 않았지요. 그러던 중 김종현이 이끄는 부대가 합류하고 때맞춰 고려군이 화살을 쏘기에 유리한 방향으로 비바람이 불어오면서 고려 진영은 상승세를 타기 시작했어요. 거란군은 달아나기에 바빴고, 고려군은 도망가는 거란군을 끝까지 쫓아가 격퇴했지요. 소배압은 갑옷과 무기를 버리고 압록강을 헤엄쳐 간신히 달아났어요.

거란군의 시체가 들판을 덮고 고려에 수많은 군사와 말, 무기 등을 빼앗겼다는 소식에 거란의 성종은 크게 노했어요.

"네가 적을 가볍게 여기고 깊이 들어가 이 지경에 이르렀으니 무슨 면목으로 나를 대하려 하느냐. 너의 낯가죽을 벗겨 죽일 것이다!"

성종은 소배압을 파직하고 귀양을 보냈다고 해요. 세 차례에 걸친 거란의 고려 침입은 결국 목적을 이루지 못한 채 실패로 끝이 나고 말았지요.

이후 고려는 거란의 압력에서 벗어나 자주적인 외교 관계를 맺을 수 있게 되었어요. 그렇게 고려와 송나라, 거란 사이에 세력의 균형이 형성되면서 한동안은 평화가 지속되었지요. 하지만 고려는 개경 전체를 둘러 성, 나성을 쌓고 도성 수비를 강화했어요. 또 강동 6주를 포함하고 있는 북쪽 국경 일대에 천리 장성을 쌓아 국경을 확보하고, 거란과 여진 등 유목 민족의 침입에 대비했지요.

문벌 귀족 사회의
동요

　고려 사회는 문벌 귀족을 중심으로 신분 질서가 확립되었어요. 문벌 귀족은
호족, 6두품, 개국 공신 출신의 지배층으로 이루어져 있었는데 혼인 관계를 매
우 중요시했어요. 혼인을 통해 권력을 유지했기 때문이지요. 이들은 최고 가문
인 왕실과의 혼인을 통해 외척이 되기도 하고 가문이 좋은 집안끼리 혼인을 맺
어 막강한 세력을 형성하기도 했어요. 안산 김씨와 경원 이씨는 외척이 되는 방
법으로 최고의 문벌 귀족이 된 고려 전기의 대표적인 가문이에요. 안산 김씨는
김은부의 가문으로, 현종에서 문종에 이르기까지 4대에 걸쳐 외척 세력을 형성
했어요. 경원 이씨는 문종 때 이자연이 외척이 되면서 가문을 일으켰는데, 문종
부터 인종까지 7대에 걸쳐 열 명의 왕비와 수많은 고위 관리를 배출한 막강한
집안이었지요.

　경원 이씨 가문의 이자겸은 일찍이 자신의 딸을 예종에게 왕비로 보낸 데 이
어 예종의 아들이자 자신의 외손자인 인종에게도 두 딸을 바쳤어요. 이자겸에
게 인종은 외손자인 동시에 사위였지요. 권력에 대한 욕심이 강했던 이자겸은

인종이 즉위하자 본색을 드러냈어요.

이자겸은 자신에게 고개를 숙이지 않았던 세력들을 없애기 위해 음모를 꾸몄어요. 예종의 동생인 대방공 왕보를 비롯해 한안인, 문공미 등 수십 명의 신진 관료들을 역적으로 몰아 제거했지요.

▌경원 이씨 이자겸의 가계도

뇌물이 공공연히 오가며 사방에서 음식 선물이 들어와 항상 수만 근의 고기가 썩어 났다. 백성의 토지를 강탈하고 자기 집 종들을 풀어놓아서 남의 마차를 약탈해 자기 물자를 수송했다.

－《고려사》

이자겸의 횡포에 불안을 느낀 인종은 내시 김찬, 상장군 최탁, 오탁 등의 반이자겸 세력을 앞세워 이자겸을 몰아내려는 계획을 세웠어요. 그러나 인종은 오히려 이자겸에게 역습을 당하고 말았지요. 1126년에 이자겸은 무인 척준경과 손을 잡고 난을 일으켜 왕궁을 포위했어요. 그리고 왕궁에 불을 지르고 인종을 자신의 집에 가두었지요. 이자겸은 김찬을 비롯한 왕의 측근 수십 명을 죽이고 왕권을 무력화시켰어요. 국가의 중요 정책을 마음대로 처리하고 심지어는 왕위를 차지하려는 욕심도 품었지요. 이것을 '이자겸의 난'이라고 해요. 이자겸은 음식에 독을 넣어 인종을 죽이려고 했지만 이자겸의 딸인 왕비가 이를 알아차리고 독이 든 탕약 그릇을 실수인 척하며 깨뜨려 인종은 간신히 목숨을 건질 수 있었답니다.

위기에 처한 인종은 고심 끝에 왕의 진료를 담당하는 내의인 최사전을 불러 척준경에게 비밀리에 조서를 전달하도록 했어요.

이자겸이 횡포를 부려 왕실의 위엄을 땅에 떨어뜨린 것이 어제 오늘의 일이 아니다. 아직 늦지 않았으니 척준경은 왕실에 충성하도록 하라.

조서를 받은 척준경은 인종에게 충성을 맹세했어요. 척준경은 본래 무인 세력으로 이자겸과는 사돈 사이였어요. 이자겸은 척준경의 군사력을 토대로 막강한 권력을 행사했지요. 그런데 그즈음 이자겸과 척준경 사이에 금이 가기 시작했어요. 인종은 그 틈을 노려 척준경의 마음을 돌리는 데 성공했지요. 마침내 척준경은 군사를 동원해 이자겸을 기습하고 이자겸과 그 가족들을 결박해 궁으로 끌고 갔어요. 그리고 이자겸을 따르던 일파들을 모두 귀양 보냈지요. 이 과정에서 인종의 부인이자 이자겸의 딸이었던 두 왕비도 폐위되었어요. 이후 척준경은 이자겸을 몰아낸 공을 내세우며 권세를 부리다가 결국 정지상 등에게 탄핵을 받아 그 역시 유배되고 말았답니다.

이후 인종은 임원후의 딸을 새 왕비로 맞아들이고 김부식 등을 송나라에 보내 송나라와의 관계를 개선하기 위한 정책을 추진했어요. 이 과정에서 임원후, 김부식 등 유학적 소양을 갖춘 관료들이 정국을 주도하면서 김부식으로 대표되는 경주 김씨 가문이 세력을 형성하게 되었지요. 이때 고려의 자주 외교 정책과 개혁을 주장하며 문벌 귀족 세력에 맞서던 이들이 있었어요. 바로 서경 출신의 신흥 관료들이었지요.

12세기에 접어들자 고려 주변의 북방과 중국 대륙에 큰 변화가 일어났어요. 고려 침략에 실패한 거란의 세력이 약화된 틈을 타 만주 지역에서 여진족이 완옌부를 중심으로 부족을 통일하며 세력을 키워 나갔지요. 여진이 고려 동북쪽에 자리를 잡고 세력을 확대하며 고려를 위협하자 고려의 제15대 왕이었던 숙종은 윤관의 건의에 따라 기병 양성에 중점을 둔 별무반을 조직했어요. 이후 윤관은 귀족과 평민을 포함해 17만의 별무반 군사들을 이끌고 여진의 본거지를 정벌하고 그곳에 동북 9성을 축조했지요. 그러나 1년 후 여진이 고려를 상국으로

▌《청경입비도》 윤관이 동북 9성을 개척하고 고려의 국경임을 알리는 비를 세우는 장면이다.

모시고 조공을 바치겠다고 약속하자 고려는 동북 9성을 여진에게 돌려주었어요. 당시 조정에서는 동북 9성을 여진에게 돌려주지 말자는 의견과 돌려주자는 의견이 분분했어요. 하지만 윤관의 공을 탐탁지 않게 생각하던 문벌 귀족들이 여진과의 전쟁을 피해야 한다는 이유로 동북 9성을 돌려주자고 주장하는 바람에 고려는 결국 여진에게 이 지역을 돌려주었고, 윤관은 밀려나고 말았지요.

이후 세력이 더욱 강해진 여진은 1115년에 금나라를 건국하고 본격적으로 만주 일대를 정복했어요. 그러자 고려를 섬기던 태도를 버리고 형제의 나라라고 일컬으며 대등한 관계를 주장하더니 나중에는 자신들이 상국이라며 고려를 압

박하기 시작했지요. 1125년에 금나라는 송나라와 연합해 거란을 멸망시키고 돌연 송나라마저 공격해 송나라 황제를 포로로 사로잡았어요. 이에 송나라는 금나라와 굴욕적인 조약을 맺고 화북 지역을 빼앗겼지요. 이후 송나라는 양쯔 강이남의 강남으로 나라를 옮겨 오늘날의 항저우(임안)를 수도로 삼았어요. 이 시기의 송나라를 남송이라고 해요.

이 시기의 고려는 이자겸이 권력을 장악하고 있었는데, 이자겸은 관리들의 반대에도 불구하고 금나라의 사대 요구를 수락했어요. 금나라와의 전쟁을 피한다는 구실로 자신의 권력을 유지하기 위해서였지요. 이자겸에 이어 새롭게 권력을 잡은 김부식 역시 굴욕적인 외교 관계를 그대로 이어 가면서 점차 불만을 품는 관료들이 생겨나기 시작했어요.

이러한 분위기는 서경 출신의 신진 관료들이 성장하기에 좋은 환경이 되었어요. 특히 척준경을 제거하는 과정에서 성장한 정지상, 백수한 등의 신진 관료들은 승려 묘청과 함께 서경 천도를 강력히 주장하며 세력을 키워 갔지요. 서경 천도를 주장하는 이들은 풍수지리 사상을 바탕으로 서경은 왕기, 즉 임금이 날 조짐이 서려 있는 데다가 큰 꽃 모양의 터여서 서경으로 도읍을 옮기면 신하들은 중흥 공신이 될 것이고 금나라를 포함한 모든 나라는 고려의 신하가 될 것이라고 주장했어요. 이러한 주장은 금나라에 대한 사대 정책을 부정하고 자주적인 외교 정책에 관한 의지를 담은 것이었지요. 이들은 거기서 그치지 않고 *칭제건원과 *금국정벌론을 주장해 왕의 마음을 얻었어요.

인종은 이들의 요구를 받아들여 서경에 새 궁궐을 짓도록 명하고 천도의 뜻

칭제건원 황제를 칭하고 독자적인 연호를 사용하며 수도를 서경으로 옮기자는 운동. 고려 중기 서경 출신의 신진 관료들을 중심으로 전개된 정치·외교 운동
금국정벌론 묘청 등이 제기한 금나라 정벌에 관한 논의

을 밝혔어요. 그러자 김부식으로 대표되는 개경 세력과 정지상 등의 서경 세력이 노골적으로 대립하기 시작했고, 결국 문벌 귀족 세력의 극심한 반발에 부딪쳐 서경 천도 계획은 물거품이 되고 말았답니다.

이에 묘청 등은 반란을 일으켜서라도 서경 천도를 추진하려고 했어요. 서경을 중심으로 주변에서 군사를 징발하고 국호는 대위, 연호는 천개라고

▌**대화궁 터** 고려 인종 때 서경에 세워졌던 궁궐의 터로, 평안남도 대동군에 위치해 있다.

선언했지요. 순식간에 서북 지방이 장악되자 당황한 인종은 김부식을 책임자로 임명하고 진압을 명했어요. 김부식은 개경에 남아 있던 정지상, 백수한 등을 제거한 뒤 군대를 편성해 서경을 공격했지요. 정부군이 서경을 포위하자 서경 세력의 지도부는 분열되었어요. 조광은 묘청을 죽이고 김부식에게 항복의 뜻을 전한 반면, 문벌 귀족의 횡포에 시달려 왔던 서경의 백성은 항복하지 않고 끝까지 저항하며 정부군에 맞서 1년여 동안 싸웠지요. 그러나 결국 서경 천도 운동은 실패로 끝이 났고, 이로써 자주적인 외교 정책은 물론 폭넓은 제도 개혁을 통해 정치를 개혁하려던 인종의 뜻은 꺾이고 말았어요.

이후 문벌 귀족의 힘은 더욱 강화되었어요. 권력이 소수의 문벌에 집중되면서 폐쇄적인 정치 풍토가 심화되었고, 귀족들로 인한 폐해가 커져 결국 무신 정변이 발생하게 되었지요.

《고려도경》을 통해 엿본
고려 사회의 모습

　1123년에 송나라의 서긍이 송나라 휘종의 조서를 전달하고, 예종의 승하를 조문하기 위해 고려를 방문했어요. 서긍은 송나라로 돌아간 후 개성에 머물며 보고 듣고 경험한 것들을 책으로 엮어 송나라의 황제에게 바쳤는데, 이 책을 《선화봉사고려도경》이라고 해요. 줄여서 《고려도경》이라고 불러요.

　전 40권으로 구성된 《고려도경》은 고려 시대의 정치·사회·문화·경제·군사·예술·기술·복식·풍속 등 다양한 분야를 다루었어요. 본래 이 책의 원본에는 고려에 대한 상세한 소개와 함께 그림이 수록되어 있었는데, 안타깝게도 원본은 유실되고 현재는 필사본만 남아 그림은 볼 수 없답니다. 그렇지만 12세기의 고려 사회를 외국인의 시선으로 바라본 책이라는 점에서 그 가치를 인정받고 있어요.

　서긍은 《고려도경》에서 고려의 여러 인물을 높이 평가하며 인재 등용 과정과 주요 인물들을 열거했어요. 그중에서도 자기를 접대했던 이자겸과 김부식 등을 상세히 소개했지요. 이자겸에 대해서는 "풍모가 의젓하고 조용하며 행동이 온순하고 화락해 어진 사람을 좋아한다."라고 칭찬하면서도 "그러나 남을 헐뜯는 말을 잘 믿고, 이득을 좋아하며 집을 화려하게 치장해 사치스러웠고, 사방에서 물품을 보내 와 해 썩는 고기가 늘 수만 근이었다."라고 비판했어요. 또 김부식에 대해서는 "풍만한 얼굴과 커다란 체격에 얼굴이 검고 눈이 튀어나왔다. 널리 배우고 아는 것이 많아 글을 잘 짓고, 옛날과 지금의 일을 잘 알아 학사들에게 신임과 복종을 받는 것이 능히 그보다 앞설 사람이 없다."라고 평가했지요.

서긍은 고려의 결혼과 장례 풍속에 대해서도 상세히 묘사했어요. 당시 고려 사회는 일반적으로 일부일처제를 원칙으로 했어요. 단, 부유한 집안의

《고려도경》 1123년 고려 중기 송나라의 사절로 고려에 왔던 서긍이 지은 책으로, 고려의 여러 실정을 글과 그림으로 설명했다.

경우에는 정식 부인 외에 여러 명의 첩을 두는 경우가 종종 있었지요. 고려 시대에는 이혼이 비교적 자유로웠을 뿐만 아니라 다른 시기에 비해 여성들의 지위가 높았어요. 재가 또한 특별한 제한이 없었고 재가한 여성의 자손도 별다른 차별을 받지 않았지요.

고려인들은 사람이 죽으면 관에 넣지 않았다고 해요. 가난한 사람들은 부모의 장례를 치르지 못하고 시신을 들에 버려 두는 풍장을 치르기도 했는데 이를 비난하는 사람이 없었답니다.

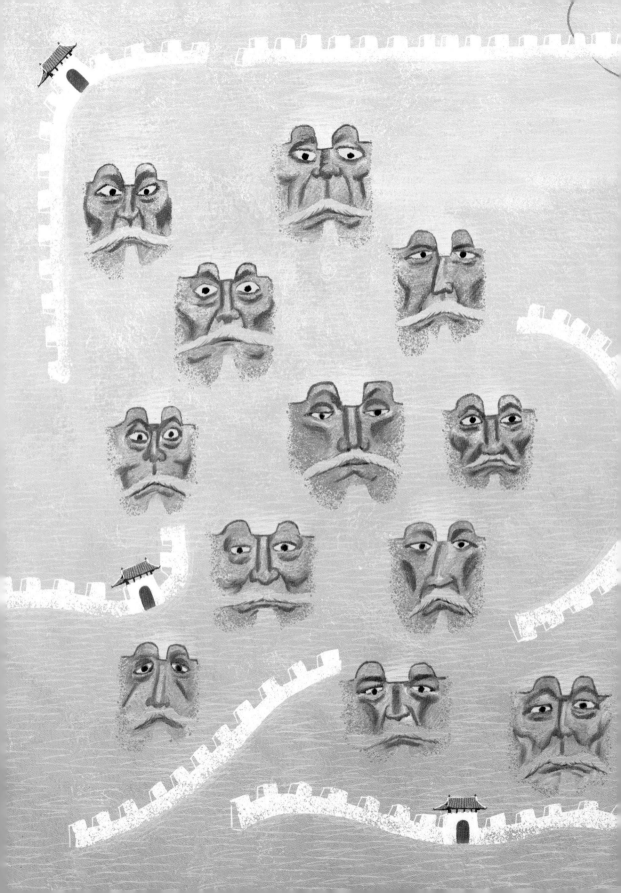

2장

무신의 집권과 사회 변동

12세기 말, 문벌 귀족 사회의 갈등이 갈수록 심화되면서 무신 정변이 일어났어요. 이후 최씨 무신 정권이 들어서며 정치가 안정되는 듯했지만, 몽골의 침입으로 또다시 어려움을 겪게 되었지요. 이제부터 문벌 귀족 사회가 붕괴되고 무신 중심의 사회가 형성되는 과정과 무신 정권의 지배 아래 전국적으로 발생한 하층민의 저항 그리고 끈질기게 전개된 항몽 투쟁 등에 대해 살펴보도록 해요.

무신 정변의 발발

"문신의 씨를 남기지 마라!"

"문신은 서리라 할지라도 모두 죽여라!"

1170년 어느 날이었어요. 개경 이곳저곳에서 분노에 찬 고함과 함께 처참한 비명이 들렸어요. 대체 무슨 일이 일어난 것일까요?

> 왕(의종)이 수시로 거동하면서 아름다운 곳에 이를 적마다 행차를 멈추고 가까이 총애하는 문신들과 술 마시고 글을 읊으며 돌아갈 줄 몰랐으니, 호위하던 장수들이 피곤해 불평을 토로했다. …… "문신들은 의기양양해 취하도록 마시고 배부르게 먹고 있는데 무신들은 모두 굶주리고 피곤하니, 이 어찌 참을 수 있겠습니까?"
>
> —《고려사절요》

인종에 이어 고려의 왕이 된 의종은 개경 근처에 있는 보현원이라는 절에 가는 도중, 무신들에게 수박희를 시켰어요. 수박희는 주로 손을 써서 공격하는 무예로, 군사 훈련을 겸한 전통 무예예요. 이때 대장군인 이소응이 젊은 장수와 격투를 벌이다 이기지 못하고 달아나자 환관인 한뢰가 이소응의 뺨을 때리는 일이 벌어졌어요. 이 모습을 본 정중부는 크게 노하며 소리쳤어요.

▌**수박희** 고구려 무용총 고분 벽화 중 수박희를 그린 부분이다.

"이소응은 비록 무인이지만 벼슬이 3품인데 어찌 환관이 모욕할 수 있는가?"

한뢰의 벼슬은 이소응보다 낮은 5품이었거든요.

이 사건이 도화선이 되어 무신들은 참았던 분노를 터뜨렸어요. 무신들은 왕의 행렬이 보현원 근처에 이르자 한뢰를 포함한 여러 환관과 문신을 살해했어요. 그래도 분이 풀리지 않았던지 정중부는 개경으로도 군사들을 보내 그곳에 남아 있던 문신 관료 50여 명을 더 살해했지요.

무신들의 반란은 사실 우발적으로 일어난 것이 아니었답니다. 사전에 이의방, 이고 등의 무신들이 모여 철저하게 모의하고 정중부가 여기에 동조하면서 이루어진, 계획된 일이었지요. 무신들이 반란을 모의한 직접적인 이유는 무신에 대한 차별 대우였어요. 본래 고려에서는 무신과 문신이 동등한 대우를 받도록 법제로 정해져 있었어요. 하지만 문신 중심으로 사회가 돌아가면서 전시과 지급이나 승진 등에서 문신이 우대받는 경우가 허다했지요. 이처럼 문신 중심의 사회가 형성되고 무신이 차별받았던 것은 무신이 문신에 비해 출신 신분이 낮은 경우가 많았기 때문이에요. 대부분 좋은 가문 출신인 문신에 비해 무신은 평민 출신이 많았거든요. 반란을 일으킨 정중부 역시 평민 출신이었고, 이의민은 천민 출신이었어요. 미천한 신분은 무신들이 사회 변혁을 꿈꾸며 적극적으로 정변에 나서도록 만들었지요.

당시 무신들은 문신은 물론, 환관에게까지 모욕을 당하는 경우가 많았어요. 같은 관료라 하더라도 출신 신분이 낮은 무신들을 얕잡아 보았기 때문이지요. 김부식의 아들인 김돈중은 촛불로 정중부의 수염을 그을리며 그를 모욕하기도 했어요.

오랜 시간 동안 모욕을 견디며 참아 온 무신들은 반란을 일으키고 문신을 향해 복수의 칼을 휘둘렀어요. 이자겸의 난이나 묘청의 서경 천도 운동 등 여러 변란을 진압하는 과정에서 군사적으로 성장한 덕분에 체계적으로 정변을 일으킬 수 있었지요.

사실 무신에 대한 차별 대우는 무신 정변의 표면적인 이유일 뿐이에요. 보다 근본적인 원인은 그동안 쌓여 온 고려 사회의 정치적 모순에서 찾을 수 있지요. 이자겸의 난과 묘청의 서경 천도 운동에서도 드러나듯이 고려 사회는 소수의 문벌 귀족이 권력을 장악하고 있는 폐쇄적인 구조를 가지고 있는 데다가 왕권이 강력하지 못해 정치적인 권력 다툼이 심각했거든요.

무신들은 평소 앙심을 품었던 문신은 물론, 관계 없는 문신까지 닥치는 대로 처단했어요. 여기에 하급 무신과 일반 군인들까지 동참하면서 상황은 통제하기 어려운 상태에 이르렀지요. 무신 정변을 성공시키고 무신들이 정권을 장악한 데에는 하급 무신들의 적극적인 호응도 큰 도움이 되었답니다.

문신들을 처단하고 권력을 장악한 무신 세력은 의종과 태자를 각각 거제도와 진도로 유배 보내고 왕의 동생인 명종을 새로운 왕으로 세웠어요. 하지만 명종은 실권을 차지한 소수 무신들의 의견에 따라 움직이는 꼭두각시 왕에 지나지 않았지요. 이로써 그동안 권력을 휘두르던 문벌 귀족은 몰락하고 무신들이 새롭게 고려의 권력 중심에 서게 되었어요.

무신 정권이 들어서자 문신들이 강하게 반발했어요. 중앙 정치에서 밀려나 동북면 병마사를 지내던 문신 김보당이 무신들을 내쫓고 의종을 다시 왕위에 앉히기 위해 반란을 일으켰지만 실패하고 말았지요. 이 사건으로 또다시 문신에 대한 대규모 숙청이 일어났어요. 이때 목숨을 잃은 문신의 수가 무신 정변 때보다 더 많았다고 해요. 김보당이 죽기 직전에 문신들 중 공모하지 않은 자가 없다고 하는 바람에 이 사건에 직간접적으로 연루된 수많은 문신 관료들이 처형당했거든요. 이후 중앙 관직은 물론 지방 관직에 이르기까지 문신 관료 대신 무신 관료가 배치되었어요. 무신의 기반은 갈수록 강화된 반면, 문신의 정치적 지위는 계속 약화되었지요.

한편 유배된 의종은 어떻게 되었을까요? 대부분의 무신들이 의종에 관한 처리를 주저하고 있을 때 이의민이 나섰어요. 이의민이 군사들과 함께 다가오자, 자신의 죽음이 임박했음을 직감한 의종이 이의민에게 부탁을 했다고 해요.

"나는 한 나라의 왕이니 죽음도 의연하게 맞이하고 싶구나."

의종은 이의민에게 술을 한 잔 청했어요. 독을 탄 술을 먹으며 고통 없이 죽기를 바라는 뜻에서 술을 청한 것이지요. 하지만 의종의 뜻을 간파하지 못한 것인지 아니면 알고도 외면한 것인지 이의민은 술에 독을 넣지 않았어요. 대신 의종을 번쩍 들어 등뼈를 꺾고, 그 시체를 연못에 그대로 던져 버리는 잔인한 방법으로 의종을 살해했지요. 아무리 쫓겨난 왕이었다지만 너무나 처참한 최후였어요.

무신들의
권력 다툼

　무신 정변 이후 정변을 주도한 이의방과 이고, 정중부 등은 연합 정권을 이루고 권력을 손에 쥐었어요. 이들은 중방에 모여 국가의 크고 작은 문제를 공동으로 처리했어요. 본래 중방은 상장군, 대장군 등의 고위 무인들이 모여 군사를 의논하던 기구였는데 무신 정변 이후부터는 일반 정사까지도 함께 다루면서 무신 정권의 핵심이 되었지요. 이처럼 초기의 무신 정권은 절대적인 권력자는 물론, 이를 뒷받침할 독자적인 권력 기구도 없었어요. 이러한 배경은 무인들 사이에 치열한 정권 다툼이 벌어지는 계기가 되었지요.

　가장 먼저 권력을 잡은 것은 이의방이었어요. 이의방은 경쟁자인 이고를 제거하고 자신의 딸을 태자비로 삼은 뒤, 기세가 등등해 갖은 횡포를 부렸어요. 그러다가 서경 유수관이자 문신이었던 조위총이 난을 일으키자 서경 출신 사람들을 함부로 살해하는 바람에 인심을 잃고 끝내 실권하고 말았지요.

　조위총이 난을 일으킨 이유는 무신들이 의종을 살해하고 연못에 던진 채 장사도 치르지 않은 것에 분개했기 때문이었어요.

개경의 중방에서 의논하기를 근래 북계의 여러 성이 거칠고 강하므로 이를 공격해 토벌해야 한다고 이미 크게 군사를 일으켰으니 어찌 우리가 가만히 앉아서 죽임을 당하겠는가. 모두 군사와 말을 규합하여 속히 서경에 모여라!

조위총은 동북 양계의 여러 성으로 격문을 보냈어요. 이에 자비령 이북에 위치한 40여 개의 성이 조위총에게 호응해 합류했지요. 이 소식을 들은 이의방이 토벌군을 편성해 조위총을 치러 갔어요. 그런데 이때 생각지도 못한 곳에 복병이 숨어 있었답니다. 정중부의 아들인 정균이 종참이라는 승려에게 이의방을 살해하도록 한 거예요. 이의방은 권력을 장악한 지 4년 만에 몰락하고 말았어요. 정중부가 그 뒤를 이어 무신 정권의 핵심으로 부상했지요.

그러나 정중부도 결국은 경대승에게 죽임을 당하고 말았어요. 경대승은 정중부의 부하로, 주변 사람들로부터 청렴하다는 칭송을 받는 인물이었어요. 실제로 자신의 아버지가 죽자 아버지가 예전에 남에게서 빼앗은 토지를 모두 국가에 바치기도 했지요. 1179년에 경대승은 정중부 부자의 횡포가 갈수록 심해지자 그들을 제거하기로 결심했어요. 밤이 되자 무사 30여 명과 함께 정중부를 기습한 경대승은 정중부를 죽이고 실권을 장악했지요. 이후 경대승은 중방을 무력화시키는 대신 자신

┃ **고려의 무인상** 개성에 위치한 공민왕 무덤 옆에 있는 석상이다.

의 사병 집단인 도방을 설치해 정권을 유지하려 했어요. 그리고 무신뿐 아니라 문신도 관료로 등용하고 존중했지요. 그러나 경대승은 누군가에게 죽임을 당할지도 모른다는 생각에 늘 불안해했어요. 도방에 둘러싸여 집 밖으로 제대로 나가지도 못하는 생활을 하던 중 결국 병에 걸려 30세의 나이로 죽고 말았지요. 경대승은 정중부가 칼을 잡고 큰소리로 꾸짖는 꿈을 꾸고 난 뒤 병을 얻었다고 해요. 경대승이 심리적으로 얼마나 불안한 상태였는지 짐작할 수 있지요.

경대승이 죽은 후 권력을 장악한 사람은 이의민이었어요. 이의민은 의종을 잔인하게 살해했던 인물로, 소금 장수였던 아버지와 사원의 노비였던 어머니 사이에서 미천한 신분으로 태어났지요. 키가 8척에다 힘이 엄청 세서 장정 여럿이도 들지 못하는 바위를 혼자서 거뜬히 드는 등 신체적인 조건이 매우 뛰어났다고 해요. 이의민은 안찰사 김자양의 눈에 든 이후 중앙군으로 선발되어 말단 무관

▌곤원사지 이의민이 의종을 살해한 곳으로 알려져 있으며, 경상북도 경주에 위치해 있다.

직에 올랐어요. 수박희를 잘해 당시 고려의 왕이었던 의종의 총애를 받아 별장으로 승진까지 했지요. 하지만 이의민은 탐욕이 심했던 사람으로, 무신 정변 후 대장군까지 올라갔지만 좀처럼 만족하지 못했어요. 일찍이 이의민의 아버지가 아들이 푸른 옷을 입고 황룡사 9층 탑에 올라가는 꿈을 꾸었는데, 이의민은 그 꿈처럼 자신이 크게 될 것이라고 믿었지요.

이의민에게는 아들이 여럿 있었는데 그들은 모두 아버지의 권세를 이용해 횡포를 부리는 등 방자함이 이루 말할 수 없었어요. 특히 그 정도가 심했던 이지영은 제멋대로 사람을 죽이고 예쁜 여자만 보면 몹쓸 짓을 저질렀어요. 심지어는 명종이 총애하는 여자도 협박해 욕을 보였는데 명종은 이 사실을 알고도 이의민이 두려워 이지영을 처벌하지 못했지요. 사람들은 명종의 이러한 행동을 비웃으며 개탄했다고 해요. 또한 이의민 세력의 갖은 횡포에 원한을 품는 사람들이 점차 늘어났지요.

그러던 중 이지영이 최충헌의 동생인 최충수의 집비둘기를 빼앗는 일이 벌어졌어요. 이 일에 앙심을 품은 최충수가 최충헌과 힘을 합쳐 이의민을 죽이고 그 일당들을 처단했지요. 결국 12년간 막강한 권력을 행사하며 무신 정권을 좌우하던 이의민도 새로운 세력에 의해 밀려나고 만 거예요.

무신 정변 이후 정권은 이의방에서 정중부로 그리고 경대승에서 이의민으로 계속해서 교체되었어요. 이것은 당시의 정치 상황이 그만큼 불안정했다는 것을 의미해요. 하지만 이의민이 제거된 후 최충헌이 집권함으로써 정치적인 불안정은 어느 정도 해소되었답니다.

집권 초기에 최충헌은 정치 개혁을 부르짖었어요. 명종에게 봉사 10조를 올리며 권력자가 빼앗은 땅을 본래 주인에게 돌려주고 세금을 공정하게 거두며 탐관오리를 처벌할 것 등을 요구했지요. 최충헌은 지금까지의 권력자들과 다른 모습을 보이며 고려 사회의 문제점을 개혁할 듯했어요. 하지만 최충헌은 얼마 못 가 본색을 드러냈어요. 다른 권력자와 마찬가지로 남의 토지를 빼앗아 농장을 확대하고 권력을 장악했지요. 자신의 말을 듣지 않으면 왕도 마음대로 바꾸었는데 무려 네 명의 왕을 갈아 치웠답니다. 또 동생인 최충수를 반란죄로 모함해 처단하는 잔혹한 행동도 서슴지 않았지요. 결국 최충헌이 봉사 10조를 지은 것은 고려 사회의 폐단을 개혁하려 한 것이 아니라 이의민의 실정을 부각시켜 자신의 반란을 정당화하려 한 것이었지요.

최충헌은 철저하고도 무자비하게 반대파를 숙청해 독재권을 확립한 뒤 자손들이 권력을 세습하도록 했어요. 그 덕에 1196년에 정권을 장악한 뒤 23년 동안 집권한 최충헌에 이어 아들 최우(최이)가 권력을 세습하고, 최우의 아들인 최항이 그 뒤를 이어 집권자가 되었지요. 최항이 병사하자 그의 아들인 최의가 뒤를 이음으로써 최씨 정권은 4대에 걸쳐 60여 년 동안 정권을 장악했어요. 최의가 1258년에 암살당함으로써 비로소 최씨 정권은 막을 내렸지요.

다른 권력자들과 달리 최씨 정권이 오랫동안 독재할 수 있었던 것은 교정도감과 도방 등 최씨 정권만의 독자적인 권력 기구가 있었기 때문이에요. 최충헌은 교정도감을 설치해 무신 정변 이후 권력의 핵심 중추 역할을 했던 중방의 기능을 약화시켰어요. 사실 중방은 최고 권력자를 뒷받침하기는 커녕 오히려 견제하는 역할을 했어요. 고위층 무

▌**최충헌 묘지석** 이름, 관직, 업적 등이 새겨져 있다.

인들이 모여 국정을 논하는 회의 기구였기 때문이지요. 게다가 중방은 때때로 최고 권력자를 암살하는 데 관여하기도 했어요. 최충헌은 중방을 대신하면서 자신에게 힘이 되어 줄 새로운 권력 기구가 필요하다고 생각했어요. 그러던 차에 최충헌을 암살하려는 시도가 이루어졌지요.

개경 부근에 있는 청교 역의 관리 세 명이 최충헌을 살해하려고 모의했지만 귀법사 승려의 밀고로 실패하고 말았어요. 최충헌은 이 사건에 연루된 사람들을 색출하고 처벌하기 위해 교정도감을 설치하고 스스로 교정도감의 최고 지위인 교정별감의 자리에 올라 인사권을 장악했어요. 최충헌은 이후 교정도감을 이용해 반대파를 제거하고 막강한 세력을 형성했답니다.

도방은 무신 정권의 집권자를 위한 사병 집단으로, 경대승이 자신의 신변을 보호하기 위해 맨 처음 설치했어요. 이후 최충헌은 도방의 기능을 더욱 강화시켜 3000명 이상의 사병을 두고 교대로 자신의 집을 지키게 했어요. 관군 가운데 힘이 세고 능력 있는 사람은 모두 도방에 소속시켰기 때문에 관군은 점차 무력해졌지요.

최충헌의 아들인 최우는 30년간 집권하면서 그 힘을 더욱 키웠어요. 교정도감과 도방의 기능을 강화시켰을 뿐 아니라, 정방과 서방 그리고 삼별초를 새롭게 조직해 독재 권력을 공고히 했지요. 정방은 최우가 모든 관리들의 인사 문제를 처리하기 위해 자신의 집에 설치한 인사 행정 기구예요. 일종의 사설 정치 기관이었지요. 인사권의 장악은 최씨 정권의 장기 집권을 가능하게 했던 중요한 요인 중 하나였어요.

서방은 문신들로 이루어진 정책 자문 기구예요. 항상 최우의 자문에 응할 수 있도록 문신들이 최우의 집에서 3교대로 숙직했답니다. 서방은 최씨 정권의 입장에서는 문신을 등용해 나라의 운영에 보탬이 되게 하는 수단이었고, 문신들의 입장에서는 무신 정권 하에서 정치에 참여할 수 있는 기회였지요.

고종 때 설치된 삼별초는 세 개로 이루어진 군대로, 원래는 야별초에서부터 시작되었어요. 주로 밤에 경비를 맡아 야별초라고 불렸던 이 기구는 도둑을 잡기 위해 힘이 센 자들을 가려 뽑아 조직한 부대였는데 후에 그 수가 늘어나자 관리하기 쉽게 좌별초와 우별초로 분리시켰어요. 나중에 몽골과의 전쟁 당시 몽골에서 도망 온 사람들을 모아 신의군을 조직하면서 삼별초가 되었지요. '별초' 란 용사들로 조직된 선발군이라는 뜻이에요. 하지만 삼별초는 최우가 독재 정권을 뒷받침하기 위해 개인적으로 운용하면서 사병의 성격을 지니게 되었답니다.

독자적인 기구와 강력한 사병 집단을 바탕으로 쉽사리 붕괴되지 않을 것만 같았던 최씨 정권도 대외 상황이 변하자 흔들리기 시작했어요. 몽골이 고려를 침입하면서 위기가 닥쳐 온 것이지요. 최항 집권기부터 서서히 약화된 최씨 정권은 최의가 그의 심복 유경과 김준에게 죽임을 당하면서 완전히 붕괴되었어요.

최항은 처음부터 최우의 후계자로 지목받지 못했어요. 최우는 가문이 좋고 고종의 총애를 한몸에 받던 사위 김약선을 후계자로 삼으려 했지요. 최우는 사위를 후계자로 지명하면서 아들인 최항이 불만을 품고 반란을 일으킬까 봐 염려했어요. 그래서 최항을 전라도의 송광사로 보내 출가시켰지요. 그러나 최우는 그토록 아끼던 사위 김약선을 죽이고 말았어요. 자신의 딸에게서 그의 애첩과 김약선이 부정한 짓을 저질렀다는 밀고를 전해 들었기 때문이지요. 하지만 김약선은 죄가 없었어요. 사실은 종과 바람난 딸이 후일이 두려워 최우에게 거짓말을 했던 것이지요. 그런데 최우는 왜 아들인 최항을 후계자로 삼지 않았을까요?

최항은 시기심이 많고 성품이 어질지 못했어요. 그보다 더 중요한 이유는 최항이 서자인데다가 그의 생모가 천한 기생 출신이었기 때문이지요. 비교적 좋은 가문의 출신들로 이루어져 있던 최씨 정권에서 천한 출신인 최항 대신, 출신 배경이 든든한 김약선을 후계자로 삼은 것은 그리 이상한 일이 아니었어요.

김약선이 죽은 뒤에도 최항은 곧장 최우의 뒤를 이을 수 없었어요. 최항이 승려가 된 후에도 재물을 불리는 데만 신경을 쓰고 갖은 횡포를 부려, 대부분의 관료들이 최항이 후계자가 되는 것을 반대했기 때문이지요.

이처럼 불안정한 상황에서 권력을 계승한 최항은 반대 세력을 모두 제거해 권력을 장악하려 했어요. 그러나 현실적으로 그를 반대하는 세력을 모두 제거할 수는 없었어요. 결국 최항은 회유와 타협을 통해 권력을 유지할 수 있었지요. 그러다 보니 과거 최충헌이나 최우와 같이 강력한 독재 정권을 구축하지 못했어요. 자신의 심복인 최양백, 김준, 임연 등에게 의존하는 일도 잦았지요. 최항의 심복들은 점차 자신들의 지위를 능가하는 막강한 정치권력을 행사하기 시작했어요. 특히 정7품 별장에 불과했던 김준은 지나칠 정도로 권력을 남용했는데 김준의 일족과 자식들까지도 탐욕을 부리며 포학한 행동을 일삼아 물의를 빚고, 궁궐 안의 음식을 훔치는 등 제멋대로 행동했다고 해요.

최항의 총애에 따라 심복들 사이에 불평이 쌓이고 내부에 분열이 생기면서 정권 내 갈등이 심각해졌어요. 이러한 갈등은 최의 집권기에 극에 달했지요. 최의 역시 어머니가 노비로, 천한 출신이었어요. 최항의 본처에게는 자식이 없어 최의가 권력을 이어받게 되었지요. 최의는 용모가 빼어나고 성품이 조용하며 부끄러움이 많았다고 해요. 집권 초기에 민심을 얻기 위해 노력했지만 관료들의 지지를 얻지 못해 불안정한 정사를 거듭했지요. 결국 유경, 김인준 등의 심복들이 내부 분열을 일으켜 최의를 살해하면서 60여 년에 걸친 최씨 정권은 몰락하고 말았답니다.

하층민의 저항

　무신 정권 초기는 민중 봉기의 시대라고 해도 과언이 아니에요. 물론 무신 정권 이전에도 농민 봉기는 있었지만 무신 정권이 성립된 후에 일어난 농민 봉기는 천민들까지 가담해 규모면에서나 정도 면에서 전과는 다른 양상을 보였지요. 당시 고려 사회는 매우 혼란스러웠어요. 무신들이 서로 최고 권력자가 되기 위해 권력 투쟁을 벌이면서 국가의 통제력은 갈수록 약화되었지요.

　하급 군인들과 농민들의 지지를 바탕으로 정권을 장악한 무신들은 권력을 얻자 하층민들을 외면했어요. 오히려 하층민들의 토지를 빼앗고 수탈했지요. 하층민들은 배신감에 더욱 분노했어요. 그동안 억눌러 왔던 불만을 터뜨리며 지배층의 수탈에 저항하기 시작했지요.

　가장 먼저 저항의 횃불이 일어난 곳은 서북 지역이었어요. 서북 지역은 북계가 설치된 군사 특수 지역으로, 서경이 속해 있었지요. 서경은 고려 초기부터 수도인 개경과 유사한 통치 기구와 체제를 가지고 있었을 뿐 아니라, 경제적으로도 독립된 기반을 확립하며 성장해 기득권 세력인 개경 세력과 갈등을 빚었어요. 하지만 서경 천도 운동이 실패한 후 경쟁 구도에서 완전히 밀려난 데다 정부가 서경 지역을 격하시키는 정책을 실시하면서 서경은 크게 위축되었지요. 게다가 사신이 행차할 때마다 지나친 요역을 징발해 서경 백성의 불만은 크게 쌓여 있었어요. 이러한 분위기 속에서 1174년에 서경의 유수관이던 조위총이 무신 정권에 저항하며 난을 일으켰어요.

조위총은 무신 정권을 타도하자는 내용의 격문을 여러 성으로 보냈고 평소 무신 정권에 불만을 품고 있던 서북 지역 40여 개 성의 민중들이 조위총의 봉기에 가담했어요. 그러나 조위총이 이끄는 군대는 개경을 공격하려다가 이의방의 군대에 쫓겨 서경으로 퇴각하고 말았지요. 조위총 군대의 기세가 약화된 틈을 타 정부군이 맹렬히 공격을 퍼부었어요. 그 기세에 조위총 편에 섰던 서북 지방의 몇몇 토호들이 변심하기도 했지만 농민들은 끝까지 조위총 군대에 남아 정부군과 싸웠답니다.

1176년에 만 22개월의 저항 끝에 조위총이 잡혀 처형되고 봉기는 진압되었지만 서북의 민중들은 흩어지지 않고 곳곳에서 저항을 계속했어요. 서북의 민중들은 외세의 침략에 대비해 전투 훈련을 받아 왔기 때문에 정부에 대항해 지속적으로 싸울 수 있었지요. 서북 지역의 봉기는 비록 실패로 끝이 났지만 이것을 시작으로 농민들의 저항은 남쪽으로 퍼져 나갔어요.

남쪽에서는 공주 명학소에서 망이·망소이의 주도로 대규모 저항이 일어났어요. 고려에서 소는 향, 부곡과 함께 특수 구역으로 분류되었어요. 향과 부곡의 백성은 주로 농경에, 소의 백성은 수공업에 종사했는데 일반 행정 구역인 군이나 현에 살고 있는 백성보다 천한 대우를 받았지요. 향·소·부곡의 백성은 신분상으로는 양인이었지만 거주 이전의 자유가 없었고, 특히 소의 백성은 금, 은, 동 따위의 광산물이나 종이, 먹, 자기 등의 생산에 필요한 역을 부담하면서도 일반 백성처럼 세금을 내야 해 처지가 매우 고달팠어요.

공주 명학소의 봉기군은 전투 부대를 편성해 공주까지 함락하는 성과를 거두었어요. 이것은 소의 백성은 물론, 주변의 일반 백성까지 봉기에 적극 가담했기 때문에 가능한 일이었지요. 봉기군은 부근의 여러 고을을 공격해 탐관오리를 처단하고 관아의 창고를 헐어 어려운 사람들에게 곡식을 나누어 주었어요. 3000여 명의 정부군이 이들을 진압하려 했지만 봉기군은 정부군을 격파하고 지금의 충청도 지역 대부분을 차지할 정도로 세력을 넓혔어요.

당시 무신 정권의 실권을 쥐고 있던 정중부는 정부군이 연이어 패배하자 그제서야 사태의 심각성을 깨달았어요. 그래서 공주 명학소를 충순현으로 승격시키며 봉기군을 회유했지요. 이는 국가의 기본 정책에 위배된 조치였어요. 고려는 유공자가 생길 경우 향·소·부곡을 군·현으로 승격시키고, 군·현민이 반란을 일으키면 향·소·부곡 등으로 강등시켰거든요. 명학소를 승격시켜서라도 봉기의 확산을 막으려는 의도였겠지만, 정부가 스스로 지배 질서의 원칙을 깨뜨림으로써 힘을 앞세우면 정부도 민중의 요구 사항을 들어줄 수밖에 없다는 본보기가 되고 말았지요. 하층민들은 희망을 품기 시작했어요.

> "우리 고향(명학소)을 현으로 올려 주고 수령까지 보내 백성을 위로하더니 곧 군사를 보내 우리 고을을 치고 어머니와 아내를 잡아 가두니 이것이 무슨 까닭인가? 차라리 싸우다 죽을지언정 끝까지 굴복하지 않을 것이며, 반드시 개경까지 가고야 말겠다."
>
> ─《고려사》

무신 정권은 공주 명학소 봉기군과 협상해 일단 이들을 해산시키는 데 성공했어요. 그러나 난이 진정되자마자 본색을 드러내며 망이의 어머니와 아내 등 가족들을 잡아 가두고 탄압했지요. 격분한 망이는 다시 봉기를 일으켰고, 충청도 대부분의 지역과 경기도 일부까지 차지하는 쾌거를 이루었어요. 그러나 망이가 정부군에 체포되면서 1년 반이나 계속된 저항은 끝이 났고, 충순현은 다시 명학소가 되었어요.

이의민이 정권을 잡았을 때 일어난 대표적인 봉기에는 오늘날의 경상도 청도 지역인 운문에서 시작된 김사미의 봉기와 초전에서 일어난 효심의 농민 봉기가 있어요. 일찍이 경상도 지역은 고려의 건국 이후에도 신라의 부흥을 기원하며 산발적으로 정부에 저항하는 세력들이 있었어요. 이 지역은 지방 토호의 세력이 강했는데 그중에서도 경주는 한반도의 동남쪽 구석에 위치한 지역적 특성 때문에 저항 세력의 진압이 쉽지 않았지요.

당시 이의민은 '十八子', 즉 이(李)씨가 왕이 된다는 예언을 믿으며 왕위를 탐내고 있었어요. 인종 때 이자겸도 이 예언을 믿어 스스로 왕이 되려고 난을 일으켰지요. 훗날 이성계가 조선을 건국하고 왕이 된 것을 보면 결국 이 예언은 이루어진 셈이에요. 이의민은 고려 왕실에 대한 경상도 백성의 반발심을 정치적으로 이용해 왕이 되려는 계획을 세웠어요. 이의민은 농민군 진압에 늑장을 부리며 기회를 엿보았어요. 이의민의 아들인 이지순은 한술 더 떠 농민군을 진압한다며 토벌군으로 나서서는 농민군과 내통하고 주요 정보를 알려 주었지요. 이 때문에 정부군은 농민군을 진압하기가 더욱 어려워졌어요. 정부군의 총대장인 전존걸은 이 사실을 알게 되었지만 이의민이 두려워 차마 왕에게 고하지 못하고 괴로워하다가 결국 자결하고 말았어요. 전존걸이 자결한 이유가 알려지자 고려 정부는 이지순을 토벌대에서 제외시키고 지휘부를 전면 교체했어요. 무신 정권의 실세인 이의민도 이번에는 정부의 결정에 대놓고 반대할 수가 없었지요. 이지

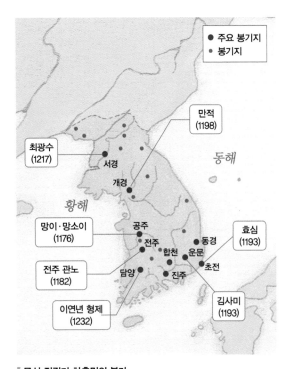

▌무신 집권기 하층민의 봉기

순이 농민군과 결탁했다는 소문이 퍼지면서 왕은 물론, 무신 관료들까지 모두 이의민을 의심하고 배격하는 분위기가 형성되었거든요.

새로 편성된 정부군이 농민군과 격렬하게 전투를 벌인 끝에 결국 김사미가 항복하면서 경상도 전역을 장악했던 농민군의 세력은 급격히 쇠퇴하고 말았어요. 한편 효심은 밀양으로 후퇴해 정부군에 대항했지만 결국 이 전투에서 7000여 명의 농민군이 죽고 무기와 우마를 빼앗기는 참패를 당했어요. 이는 김사미의 죽음으로 농민군이 약화된 데다 농사철이 되자 농민들이 동요했기 때문이에요.

효심은 농민군의 세력이 약해지자 정부의 보복이 두려워졌어요. 그래서 사람을 보내 왕에게 선처를 바라며 협상을 요구했지요. 이에 정부는 관직을 내리고 이들을 회유하는 척하다가 농민군의 전력이 약화된 틈을 타 군대를 동원했어요. 봉기에 가담한 적이 없는 여자와 어린아이까지 모두 잡아 노비로 삼았지요. 정부의 배신에 분개한 농민군이 다시 봉기해 정부군에 저항했지만 효심이 포로로 잡히는 바람에 결국 1년 반이나 계속되었던 김사미·효심의 난은 막을 내리고 말았답니다.

최충헌이 집권할 당시에 일어난 만적의 난은 신분 해방 운동의 성격을 띠었어요. 만적은 최충헌이 집에서 부리는 종이었는데, 다른 종들과 개경 북산에서 나무를 하던 중 *공사 노비들을 불러 모아 난을 일으킬 모의를 했지요.

> 나라에서는 경인·계사년 이후로 높은 벼슬이 천한 노비에게서 많이 나왔다.
> 공경장상의 씨가 어찌 따로 있으랴. 시기가 오면 누구나 할 수 있는 것이다.
> 우리들만 어찌 육체를 괴롭히면서 채찍 밑에서 곤욕을 당할 수 있겠는가.
>
> —《고려사》

만적은 노비들에게 호소하며 난을 일으키자고 선동했어요. 노비들은 만적의 뜻에 동조했고, 누런 빛깔의 종이 수천 장을 '丁(정)' 자 모양으로 오려서 표식을 삼자고 약속했어요. 이 '丁' 자에는 양인이라는 뜻이 담겨 있어요. 이들은 날을 정해 흥국사 복도에서부터 격구 터까지 한꺼번에 모여 들어 북을 치고 소리를 지르기로 했어요. 이를 신호로 대궐 안의 환관과 관노비들이 권신들을 죽이기로 했지요. 그리고 나머지 사노비들은 최충헌 등 각자의 주인을 죽이고 노비 문서를 불태우기로 했어요. 이로써 천민을 없애고 공경장상이 되려고 했답니다.

하지만 약속한 날에 모인 노비는 고작 수백 명도 되지 않았어요. 만적은 하는 수 없이 날짜를 다시 정해 보제사에서 모이기로 약속하고 무리를 해산시켰어요. 하지만 한충유의 사노비인 순정이 동지들을 배반하고 상전에게 이 사실을 밀고했어요. 이에 만적을 포함한 주동자 100여 명은 발에 큰 바위가 묶인 채 강물에 던져져 죽임을 당했고 순정은 포상금과 양인의 신분을 얻었지요. 비록 만적의 난은 실패로 끝이 났지만 계급을 무너뜨리고 새로운 질서를 구현하고자 한 의욕

공사 노비 나라에 속한 노비와 개인이 소유한 노비를 아울러 이르는 말

만큼은 높이 평가될 만해요. 그리고 그 후로도 노비들의 신분 해방 운동은 계속되었답니다.

개경에서도 사노비들이 전투 훈련을 하며 후일을 도모했어요. 최충헌이 이 사실을 알고 이들을 체포하게 했는데, 대부분은 도망가고 50여 명만 붙잡혀 강에 던져져 죽임을 당했어요. 경상도 진주에서도 공사 노비들이 일어나 평소 악명이 높던 악질 향리들을 죽이고, 그들의 집 50여 호를 불태우기도 했답니다.

당시 전국적으로 일어난 하층민의 저항은 고려 사회에 큰 영향을 끼쳤어요. 고려 사회의 기본 축을 형성했던 본관 제도가 점차 무너지게 되었거든요. 본관 제도는 특별한 경우, 즉 중앙의 관리가 되거나, 군무에 종사하는 등 직업상 필요한 경우나 유배 등의 경우를 제외하고는 자신의 거주지에서 벗어나지 못하게 하는 제도예요. 이 제도는 고려를 건국한 태조가 지역 사회의 지배권을 확립하고 향촌 사회를 안정시키기 위해 마련한 것이었지요. 그런데 고려의 지방 제도인 군·현 제도가 정착되면서 점차 거주지와 신분이 결합되는 양상을 띠었어요. 즉 군이나 현에 거주하는 양민과 특수 행정 집단인 향·소·부곡 등에 거주하는 주

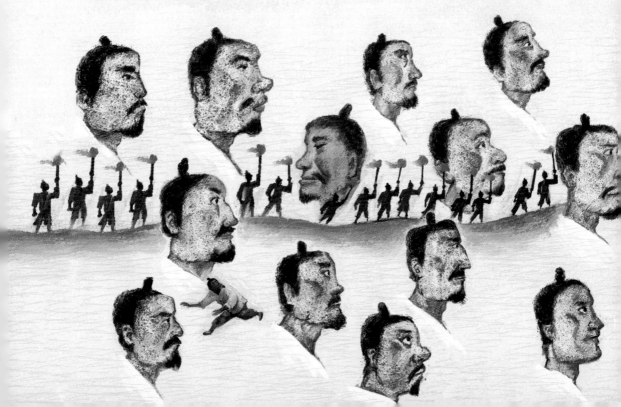

민들이 구분되어 신분적으로 차별받기 시작한 거예요.

본관 제도는 12세기 이후에 사회 변동이 일어나면서 붕괴되기 시작했어요. 토지 제도가 문란해지고 지배층의 수탈이 심해지면서 백성이 삶의 터전에서 떠나 다른 곳으로 도망치는 일이 빈번해졌거든요. 이러한 현상은 무신 정권기에 전국적으로 확대된 하층민의 봉기로 더욱 심화되었어요. 본관 제도는 점차 무너졌고 아울러 향·소·부곡도 소멸되어 갔답니다.

하층민의 저항은 대부분 실패로 끝났지만, 백성은 저항을 통해 탐관오리를 몰아내고 자신들의 처지를 조금씩 개선시켰어요. 이는 지배층에 대한 적극적인 저항이면서 동시에 몽골 등 외적의 침략에 대항하는 원동력이 되기도 했지요.

몽골의 침입과
고려의 대항

　최씨 무신 정권이 정치적으로 안정을 찾을 무렵, 나라 밖에서는 세계사를 뒤흔드는 엄청난 바람이 불고 있었어요. 그것은 바로 몽골 족의 대제국 건설이었지요.

　몽골 족은 대부분 몽골 고원의 초원 지대에서 살고 있던 돌궐 계통의 민족이에요. 이들은 자신들을 '용감한 전사'라는 뜻으로 '몽골'이라고 불렀으나, 중국 사람들은 '야만스럽다.'라는 뜻으로 '몽고'라 불렀지요. 몽골 족이 살던 초원 지대는 여름이 짧고 건조하며 겨울이 길고 추워 농사짓기에 적합하지 않았어요. 그래서 몽골 족은 말과 양 등의 가축을 길러 가축의 젖과 고기를 주식으로 먹었지요. 때로는 짐승을 사냥해 고기를 얻거나 강에서 물고기를 잡아먹었지만 가축이 생활에 중요한 역할을 했기 때문에 가축에게 먹일 풀을 찾아 계절별로 이동하는 유목 생활을 했어요.

　어릴 때부터 말타기와 활쏘기 등을 꾸준히 연마해 기동력과 전투 능력이 탁월했던 몽골 족은 수십 개의 부족들이 저마다 흩어져 유목 생활을 하며 세력을 넓히기 위해 서로 끊임없이 전쟁을 벌였어요. 10~12세기에 거란과 여진이 번갈아 북방 일대를 장악하고 있을 때까지만 해도 몽골은 그리 위협적인 존재가 아니었지요.

하지만 13세기에 들어 테무친이 몽골의 여러 부족을 통일하고 황제인 칭기즈 칸이 되면서 상황은 달라졌어요. 세계 정복에 나섰던 칭기즈 칸에 이어 그의 후손들이 계속 정복 활동을 벌이며 세계는 공포에 휩싸였지요. 몽골은 만주, 중앙아시아 일대와 서하, 금나라 등을 정복하고 중국의 남송마저 굴복시켜 중국의 전 영토를 차지했어요. 그리고 서아시아를 지배하고 있던 이슬람 제국까지 정복했지요. 몽골은 대영제국에 이어 역사상 두 번째로 넓은 영토를 차지해 유라시아에 걸친 대제국을 건설했어요. 몽골이 세계적인 대제국을 세울 수 있었던 것은 뛰어난 기마병 덕분이었어요. 이들은 하루에 70킬로미터까지 이동할 수 있는 월등한 기동력과 저돌적인 공격력, 파괴력 그리고 말 위에서도 자유자재로 무기를 다룰 수 있는 전투력을 갖추고 있었거든요.

몽골이 금나라를 한창 공격하고 있을 무렵, 고려에도 전운이 감돌고 있었어요. 1216년 여름에 몽골과 금나라에 쫓긴 거란 유민 수만 명이 압록강을 넘어 고려로 쳐들어왔기 때문이에요. 거란 유민들은 산과 들에서 지내며 마을에서 곡식과 가축 등을 닥치는 대로 약탈했어요. 당시 고려를 지배하고 있던 최씨 무신 정권이 중앙군을 보내 지방군과 함께 거란 유민을 물리치게 했지만 거

칭기즈 칸(1167~1227) 몽골 제국을 건설한 탁월한 군사 전략가이자 제왕이었다.

몽골의 기마병 몽골이 세계적인 대제국을 세울 수 있었던 것은 뛰어난 기마병 덕분이었다.

란 유민들은 계속 남하하며 방화와 약탈 등을 저질렀지요. 거란 유민들은 고려
군에게 쫓겨난 이후에도 침입과 후퇴를 반복하며 서경과 황해도 주변에서 노략
질을 일삼았어요. 일부는 개경까지 들어오거나 남쪽으로 더 내려가 강원도 원
주와 충청도 제천 등에서 약탈을 벌이기도 했지요. 김취려가 이끄는 고려군의
공격으로 함흥 쪽으로 달아난 뒤에도 다음 해에 또 고려에 침입해 황해도 일대
에서 노략질을 했어요. 고려 정부는 군대를 편성해 강동성까지 이들을 추격했어
요. 그러자 거란 유민들은 강동성으로 들어간 뒤 그대로 성에서 버티며 나오지

않았지요.

이 사태를 지켜보던 몽골이 동진과 함께 거란 유민을 몰아내 주겠다며 군대를 이끌고 강동성 근처까지 접근해 왔어요. 이때 마침 큰 눈이 내려 길이 막히자 몽골의 장군은 강동성을 포위하고 있는 고려군 원수 조충에게 편지를 보냈지요.

거란의 군사들이 너희 나라에 도망해 온 지 3년이나 되었는데도 소탕하지 못하므로 황제가 군사를 보내 이를 치노니 너희 나라에서는 군량미를 부족하지 않게 보내라. 황제의 명령으로 적군을 격파한 뒤에는 형제의 맹약을 맺으리라.

－《고려사》

몽골은 고려에서 요구하지도 않은 지원군을 파병해 놓고 군량미를 청하는 한편 형제의 나라가 되는 조약을 맺자며 황당한 요구를 했어요. 조충은 몽골군의 위세에 눌려 어쩔 수 없이 쌀 1000섬을 보냈고 이후 고려, 몽골, 동진 세 나라의 연합군은 총공격에 나서 끝내 거란의 항복을 받아 냈답니다. 이렇게 해서 고려를 괴롭히던 거란의 소란은 끝이 났고 고려와 몽골은 1219년에 정식으로 외교 관계를 수립했어요.

이후 몽골은 거란을 소탕한 공을 내세우며 고려에 무리한 공물을 요구했어요. 고려는 이전에도 요나라와 금나라에 공물을 보낸 적이 있었는데 그 때는 공물의 대가로 그에 준하는 답례품을 받았어요. 때문에 사신을 통해 공물을 보내는 것은 자연스러운 문물 교류로 여겨졌지요. 하지만 몽골의 요구는 답례품이 없는 일방적인 징발로 고려는 크게 반발할 수밖에 없었어요. 이러한 상황에서 몽골의 사신인 저고여가 사절단을 이끌고 고려를 방문했어요.

저고여는 전에도 사절단으로 고려에 왔던 인물로, 무례한 언행으로 말썽을 자주 일으켰어요. 고려 왕 앞에 국서를 내던지며 사절단 전원이 대전 위로 올라가 국서를 전달하겠다고 우겨 대기도 했지요. 고려 측에서 이는 관례에 어긋나니 사절단 중 대표 한 사람만 올라가 국서를 전달하라고 하자 저고여는 몇 시간 동안 고집을 부렸어요. 결국은 여덟 명이 대전 위에 오르는 것으로 합의를 보았지요. 뿐만 아니라 저고여는 공물의 품질이 좋지 않다는 등 이리저리 꼬투리를 잡으며 고려 왕에게 무례한 행동을 하곤 했어요. 그런 저고여가 또다시 사절단으로 고려에 온 거예요.

이번에도 저고여는 무례하게 행동했어요. 고려 정부는 저고여의 행동을 억지로 참고 환대하며 사신 일행을 대접했지요. 그런데 저고여와 사절단이 몽골로 돌아가는 도중 누군가가 압록강 근처에서 이들을 습격했어요. 저고여는 이 습격으로 피살되고 말았어요. 몽골은 이 사건을 고려의 책임으로 돌리며 국교의 단절을 선언하고 군대를 이끌고 고려에 쳐들어왔어요. 고려는 금나라의 도둑이 벌인 일이라고 몽골에 전했지만, 몽골은 고려의 주장을 들으려 하지 않았어요. 이때부터 고려는 몽골과 길고 긴 전쟁에 돌입했답니다.

1231년에 몽골의 1차 침입이 시작되었어요. 몽골의 장수 살리타는 대군을 이끌고 서북 지방을 약탈하며 귀주 등을 공격했어요. 고려군은 이에 맞서 맹렬히 싸우며 귀주성을 지켜 냈지요. 하지만 안북성에서는 끈질긴 항거에도 불구하고 결국 몽골군에게 성이 함락되고 말았어요. 이때 고려는 이언문, 정웅 등 뛰어난 장군들을 잃었고 병사의 절반 이상이 전사하거나 부상을 당했답니다.

기세등등해진 몽골군은 예성강 쪽으로 내려오며 고려의 백성을 보이는 대로 학살했어요. 심지어는 성안에 남아 있던 백성까지 찾아내 모조리 죽였지요. 몽골군은 여러 부대로 나누어 개경 주변을 완전히 포위하고 고려에 항복을 요구했어요. 그와 동시에 별동대를 조직해 남쪽으로 밀고 내려가며 충주와 청주 일대를 공격했어요.

더 이상 버틸 수 없다고 판단한 최씨 정권은 일단 몽골에 강화를 제기했어요. 이에 살리타는 고려의 서북 지방에 72명의 *다루가치를 두어 그 지방의 행정을 관할하게 하고는 몽골로 돌아갔지요. 고려는 몽골의 잔혹함에 치를 떨며 복수심을 불태웠어요. 당시의 문인 이규보가 "몽골군의 잔인하고 흉포한 성질은 이루 말할 수 없으며, 금수보다도 더 심하다."라고 말할 정도였어요.

이후 몽골은 공물은 물론, 인질과 기술자, 부녀자 등을 고려에 요구했어요. 몽골의 무리한 요구에 최우 정권은 몽골과 강화를 맺은 것과는 별개로 강화도로 수도를 옮기고 몽골에 항전할 것을 결의했지요. 강화 천도는 수전에 약한 몽골의 약점을 이용한 전술이기도 했지만 최우 정권이 자신들의 세력과 신변의 안전을 확보하려는 데 그 목적이 있었어요. 강화 천도를 둘러싸고 조정에서는 찬반 논쟁이 끊이지 않았지요. 이때 재상인 유승단이 강화 천도를 반대하며 나섰어요.

"작은 나라가 큰 나라를 섬기는 것은 당연한 이치입니다. 예를 다해 섬기고 신의로 사귀면 저들 역시 무슨 명분으로 매번 우리를 괴롭히겠습니까? 성곽을 버리고 종사를 돌보지 않고 섬에 죽치고 엎드려 구차하게 세월을 보내면서 변방의 장정들은 칼날에 맞아 죽고, 노약자들은 잡혀가 종노릇하게 하는 것은 옳은 계책이 아닙니다."

이에 야별초 지도부의 김세충도 거들었어요.

"개성은 태조 때부터 역대로 지켜 내려와 무려 200여 년이 되었습니다. 성이 견고하고 군사와 양식이 족하니 마땅히 힘을 합해 지켜 사직을 보위할 것인데,

다루가치 몽골이 고려의 점령 지역에 두었던 벼슬. 점령 지역의 백성을 직접 다스리거나 내정에 관여했다.

이곳을 버리고 장차 어디에 도읍하겠다는 것입니까?"

그러나 최우는 이들의 말에 귀를 기울이기는커녕 김세충을 참형에 처해 본보기로 삼았어요. 강화 천도에 반대하지 못하도록 공포 분위기를 조성한 것이지요. 그러고는 독단적으로 천도를 단행했어요. 최우는 100여 개의 수레를 이용해 자신의 재산을 강화도로 옮겨 놓고 천도를 재촉했어요. 최우가 천도를 서둘렀던 것은 몽골이 곧 다시 쳐들어올 것이라는 정보를 접했기 때문이었지요.

최우가 1232년에 천도를 단행하고 최씨 정권이 무너진 뒤 1270년에 개경으로 환도하기까지, 강화도는 40년 가까이 고려의 전시 수도가 되었어요. 성을 쌓고 궁궐을 지으면서 차츰 도성의 모습이 갖춰졌지요. 새로 건설한 도성은 내성과 외성으로 이루어져 있었는데 내성은 돌로, 외성은 흙으로 쌓았어요. 외성을 돌로 쌓지 않은 것은 엄청난 경비를 감당할 수 없었기 때문이었어요.

강화도는 원래 현이었으나 도읍이 되면서 군으로 승격되었어요. 그리고 섬 전체는 강도라 불렸지요.

한편 정부는 강화도로 도읍을 옮기면서 백성에게는 산성과 섬으로 피신하라

▌**강화도 고려 궁지** 고려가 몽골의 침략에 대항하기 위해 수도를 강화로 옮겼을 때 39년 동안 사용하던 궁궐의 터이다.

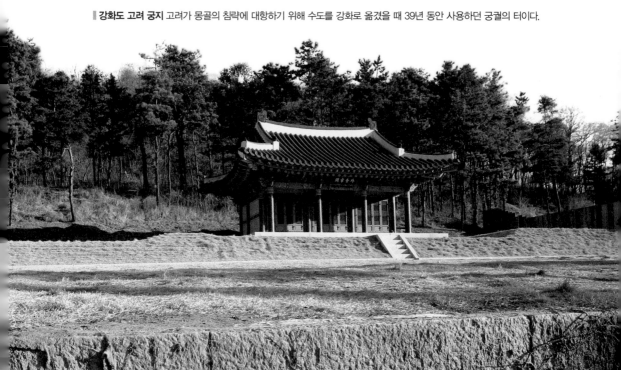

는 명령만 내렸을 뿐, 별다른 대책을 세워 주지 않았어요. 대책이라고 제시한 것은 적이 곡식을 얻을 수 없도록 모두 없애라는 것과 성 안으로 피신한 뒤 산성에 의지해 방어하라는 전술뿐이었지요. 이후 몽골과의 싸움에서 부분적으로는 이 전술들이 효과를 거두었어요. 하지만 항쟁이 30년 넘게 이어지면서 이 전술만으로는 백성의 안전을 보장하거나 토지와 재산의 피해를 줄일 수는 없었지요. 결국 백성은 전쟁으로 인한 피해를 고스란히 떠안을 수밖에 없었어요.

1232년에 살리타는 군사 1만 명을 이끌고 다시 고려에 침입했어요. 이때 살리타 부대는 1차 침입 때와는 다른 전술을 펼쳤는데 대부분의 군사와 백성이 섬이나 성으로 피하고 없는 지역에서는 굳이 전투를 벌이지 않고, 산성 공격을 피해 주요 지역을 점령하며 남쪽 지역을 약탈했지요. 선발대 1000명이 먼저 남쪽으로 내려가 약탈과 살육을 자행했는데 이들 중 일부는 대구 근방의 부인사에 들이닥쳐 불을 질렀어요. 이 절에는 거란이 고려를 침략했을 때 만든 초조대장경이 보관되어 있었어요. 불행히도 이때 귀중한 고려의 문화재가 불타 한줌의 잿더미가 되고 말았지요.

적장 살리타가 이끄는 몽골의 주력 부대는 고려 정부와의 교섭이 뜻대로 진행되지 않자 경기도와 충청도를 경유해 경상도로 쳐들어갈 계획을 세웠어요. 몽골군이 한양산성을 점령하고 광주산성을 공격했지만 광주 수령인 이세화와 백성은 한마음 한뜻으로 전투를 치러 몽골군을 막아 내는 데 성공했어요. 후에 고려 정부는 광주 백성의 조세를 면제시켜 주며 공을 치하했답니다.

광주산성에서 패배를 맛본 살리타는 광주산성을 지나쳐 용인의 처인성으로 이동했어요. 몽골군은 규모가 작은 처인성을 얕잡아 보았지만 뜻하지 않게 이곳에서 큰 타격을 입었답니다. 처인성은 낮은 구릉 위에 위치한 작은 토성으로, 부곡 집단 거주지였어요. 몽골군이 침입했다는 소문이 퍼지자 이곳 사람들은 자

■처인성 전투 고려가 몽골군의 침입을 오랜 기간 견딜 수 있었던 것은 항전의 주체였던 농민과 천민 덕분이었다. 그 대표적인 전투가 처인성 전투이다.

발적으로 성안으로 몰려와 무기를 갖추고 전투를 준비했지요.

살리타는 처인성 주변에 군사를 배치한 뒤, 몇 명의 경기병을 대동하고 성의 동문으로 정찰을 나갔어요. 그때 이미 고려군은 처인성 동문 밖에서 300미터쯤 떨어진 숲속에 병사들을 매복시켜 놓고 있었어요. 방심하고 있던 몽골군은 삽시간에 화살 공격을 받았어요. 이때 집중적으로 공격을 받은 살리타는 눈에 화살을 맞아 결국 죽고 말았지요. 총사령관을 잃은 몽골군은 전세가 꺾여 후퇴할 수밖에 없었어요. 이때 고려군을 지휘한 김윤후는 백현원에서 수도하던 승려였는데 후에 고려 정부에서 그의 공을 치하하며 상장군 직함을 내리자 이를 사양하고 자신의 공을 다른 사람에게 돌렸다고 해요. 김윤후는 훗날 몽골군의 5차 침입에 맞서 충주성을 수호하는 전승도 올렸답니다.

처인성 전투는 정부가 주도한 것이 아니라 순수하게 지역 백성이 자발적으로 항전해 승리를 이끌어 낸 전투예요. 처인성에는 관군이나 관리가 없었기 때문에 성안에 있던 주민들은 관군의 도움을 받을 수도 없었지요. 생존을 위해 부곡의 백성이 똘똘 뭉쳐 필사적으로 싸웠을 뿐이었어요. 고려 정부는 이들에 대한 포상으로 이 지역을 부곡에서 현으로 승격시켜 주었답니다.

한편 최씨 정권은 몽골이 침입했다는 소식을 듣고 강화도에 대한 수비를 강화하고 자신들의 사병과 삼별초의 병력을 증강시켜 섬 주변을 방어하는 데 주력했어요. 최우는 전쟁으로 혼란한 와중에도 집을 새로 지었는데, 군사들을 시켜 개경에서 집 지을 나무와 정원에 심을 소나무, 잣나무 등을 실어 나르게 하는 한심한 짓을 저질렀답니다.

이후 칭기즈 칸에 이어 몽골의 황제가 된 오고타이는 만주와 중국 북쪽 지역을 공격해 1234년에 금나라를 완전히 멸망시켰어요. 그러고는 다음 해에 또다시 고려로 눈을 돌렸지요. 이것이 몽골의 3차 침입이에요. 몽골군은 그전과 달리 고려 정부에 항복을 권유하는 교섭도 벌이지 않고, 무조건 남쪽으로 내려오며 약탈을 저지르기 시작했어요. 뿐만 아니라 아무 죄도 없는 고려 백성을 죽이고 방화도 서슴지 않았지요. 이들 중 일부는 남쪽 깊숙이 내려가 전주와 고부, 공주 등지를 공격하고 경주까지 들이닥쳤어요. 이때 황룡사가 불타면서 유서 깊은 황룡사 9층 목탑도 소실되었답니다.

육지에서는 몽골군이 엄청난 약탈과 악행을 저지르고 있는데도 최씨 정권은 별다른 대책을 세우지 못했어요. 그저 삼별초를 강화도에서 내보내 몽골군과 소규모 전투를 치르게 한 것이 전부였지요. 그러나 결국 육지의 처참한 상황을 더이상 방치할 수 없게 되자 몽골에 해마다 공물을 바치고 왕이 친조를 하겠다는 비굴한 협상을 하고 말아요. 몽골군 역시 고려와의 전투에서 만만치 않은 타격을 입었던 터라 이 협상에 만족하고 물러갔어요. 하지만 고려 정부는 왕의 친조를 차일피일 미루었어요. 친조, 즉 고려 왕이 몽골에 가서 직접 인사를 한다는 것은 몽골에 완전히 복속되는 것을 의미했기 때문이에요. 다행히 오고타이가 죽은 뒤 황제 자리를 놓고 내부에서 권력 다툼이 벌어지면서 몽골 또한 고려 왕의 친조에 신경을 쓰지 않아 별 다른 마찰 없이 몇 년이 흘러갔어요.

내분이 어느 정도 수습되자 몽골은 다시 눈을 돌려 고려를 침입하기 시작했어요. 그러나 얼마 후 몽골의 3대 황제인 귀위크 칸이 급사하는 바람에 몽골군은 곧바로 퇴각했지요. 이때 고려에서도 정치적 변동이 일어났어요. 몽골에 강경한 입장을 취하던 최우가 죽고 그의 아들인 최항이 정권을 이어받았지요. 몽골은 최항 정권에 고려 왕의 친조를 요구했어요. 그러나 최항 역시 최우와 마찬가지로 친조를 미루며 몽골에 맞섰고 또다시 몽골은 고려를 침입했어요.

그 후 몽골은 5차, 6차 침입을 자행하며 고려 정부에 강화도에서 개경으로 수도를 옮길 것과 고려 왕의 친조를 요구했어요. 최항은 몽골에 대항할 뚜렷한 대책도 세우지 않고 그저 몽골의 요구를 거부하며 자신의 정권을 유지하는 데만 신경을 썼지요.

몽골군의 약탈과 잔인한 살육으로 실질적인 피해를 입은 것은 육지의 백성이었어요. 그리고 몽골군과 맞서 싸운 사람들 역시 관군이 아닌 천민과 농민 등의 하층민들이었지요. 몽골의 5차 침입 때 벌어진 서해도의 양산성 전투에서는 성 안에서만 4700여 명이 죽고 수많은 백성이 끌려갔어요. 몽골군은 10세 이상의 남자는 모조리 죽이고 부녀자와 어린아이는 사로잡아 병졸들에게 나누어 주었지요. 이처럼 백성의 삶은 처참하고 피폐했어요.

충주 백성의 항전은 몽골과 벌인 최대 전투라고 해도 과언이 아니에요. 당시 충주성의 책임자는 처인성 전투를 승리로 이끌었던 승려 김윤후였어요. 김윤후는 처인성 전투 이후 무반이 되어 충주산성의 방호별감직을 맡고 있었어요. 몽골군은 고려를 배신하고 몽골의 길잡이가 된 홍복원의 안내를 받으며 남하했어요. 충주에 당도한 몽골군에는 몽골의 주력 부대 이외에도 포로로 잡혀 어쩔 수 없이 몽골군에 들어간 고려 사람들도 포함되어 있었지요. 김윤후의 부대는 수적으로 열세에 있었지만 70여 일에 걸친 몽골군의 공격을 막아 내는 데 성공했어요. 당시 김윤후는 몽골군이 성을 포위해 성안의 식량이 바닥나자 끝까지 힘을 다한다면 귀천을 가리지 않고 모든 사람에게 관직을 내리겠다며 병사들을 독려했어요. 그리고 실제로 관노비의 노비 대장을 불태워 버리기도 했지요. 이에 신분의 고하를 막론하고 성안의 모든 백성이 죽을 각오로 몽골군과 싸워 결국 승리를 거두었어요.

몽골의 6차 침입 때도 충주 곳곳에서 격렬한 전투가 벌어졌어요. 특히 충주의 서쪽에 위치한 *다인철소의 주민들이 몽골군에 적극적으로 맞서 전략적으로 중요한 철제 도구 생산지를 지켜 냈지요.

계속되는 몽골의 침입으로 나라 곳곳에서 항쟁이 벌어지고 있을 때 큰 정변이 일어났어요. 최항이 죽고 그의 아들 최의가 정권을 이어받았는데 최의의 부하인 유경과 김인준 등이 모의해 최의를 살해한 거예요. 이로써 약 60년 간 이어진 최씨 정권이 무너졌어요. 유경은 최의를 죽이고 정권을 왕실에 반환한 공로를 인정받아 공신이 되었고, 고종의 신임도 얻었어요.

다인철소 고려 시대 충청북도 충주 지역에 철 및 관련 수공업품을 생산했던 특수 행정 구역

후에 김준으로 개명한 김인준은 최충헌의 집에서 일하던 사노비에게서 태어난 천민이었어요. 최항의 눈에 들어 별장직을 지내다가, 무신 정권을 타도한 공로로 시중의 자리까지 올라 권세를 누렸지요. 김인준은 후에 고종에 이어 왕이 된 원종과 사사건건 마찰을 빚다가 원종의 사주를 받은 자신의 심복, 임연에 의해 제거되었어요. 이때 사실상 무신 정권은 붕괴되었답니다.

몽골에 대항하던 무신 정권이 몰락하자, 고려 정부는 몽골군의 계속되는 공격에 항복을 선언하기로 결정했어요. 고려는 몽골로 사신을 보내 그동안의 항전은 무신 정권 때문이었다는 변명과 함께 개경 환도와 세자의 친조 등을 약속하며 몽골에 완전히 굴복했지요. 이로써 수십년에 걸친 항몽 투쟁은 막을 내렸어요.

역사는 최씨 무신 정권의 항몽 투쟁을 어떻게 평가할까요? 우선 몽골과의 굴욕적인 타협을 거부하며 끝까지 항쟁했다는 점에서 자주적인 외교 정책을 펼쳤다는 긍정적인 평가가 있어요. 끈질긴 항쟁 덕분에 그나마 고려에 유리한 강화 조건을 이끌어 냈다는 의견도 있지요.

하지만 최씨 무신 정권은 몽골과의 항쟁을 명분으로 삼아 강화도를 요새화하고, 국가의 핵심 군대인 삼별초를 사병화해 몽골군과의 전쟁에 본격적으로 투입하지 않고 개인 경호에 치중시켰다는 점에서 비판을 받기도 해요. 게다가 뚜렷한 대책도 없이 백성을 산성과 섬으로 이주시켜 양곡을 확보하지 못하게 해 많은 사람들이 굶어 죽게 만든 것도 큰 문제점이었지요.

몇 년 전 태안 앞바다에서 침몰된 고려 선박인 마도 3호선이 발굴되었어요. 이 배에 실려 있던 유물들을 살펴보면 최씨 무신 정권의 양면성이 드러나요. 발굴된 목간 내용에 따르면 마도 3호선은 몽골의 침략을 받던 당시, 강화도에 거주하던 권력자들을 위해 전라도 일대에서 거둔 *세공을 싣고 북상하다가 물길이 험한 마도 인근 해상에서 침몰한 것으로 추정돼요. 배 안에서는 도자기와 사슴

뿔, 홍합 털, 장기 돌과 같은 오락 물품과 말린 상어 고기, 홍합젓, 멸치젓, 개고기포, 전복젓, 생전복 등의 귀한 음식이 발견되었지요. 몽골의 침입으로 백성이 약탈을 당하고 끼니도 잇지 못할 정도로 힘겹게 지내고 있을 때 강화도로 피신한 지배층은 이처럼 귀한 음식과 오락 생활을 즐기며 사치스러운 생활을 하고 있었던 거예요. 이는 무

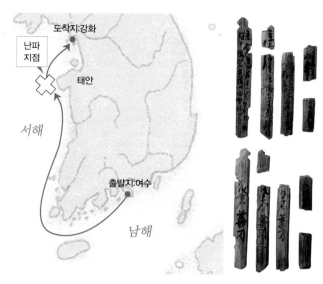

▌ **마도 3호선의 침몰 위치(좌), 목간(우)** 충청남도 태안군 근흥면 마도 해저에서 발굴된 고려 시대의 난파선과 그 안에서 발견된 목간의 모습이다.

신 정권의 대몽 투쟁이 민족적 자존심과 자주성을 지키려는 의로운 항쟁이었다기보다 자신들의 정권을 유지하기 위한 수단이었다는 부정적인 평가에 힘을 실어 주었지요.

몽골에 항복한 후 고려의 왕인 고종은 친조 약속을 지키기 위해 세자를 몽골에 보냈어요. 세자는 몽골의 황제인 몽케 칸, 즉 헌종을 만나기 위해 몽골의 수도인 카라코룸으로 향했지만 헌종은 그곳에 없었어요. 남송을 정벌하기 위해 둘째 아들인 쿠빌라이와 함께 사천 지방에 머물고 있었거든요. 세자 일행은 몽골 황제가 머물고 있는 남쪽으로 발길을 돌렸어요.

그러던 중 고종이 병에 걸려 67세의 나이로 세상을 떠나고 말았어요. 공교롭게

세공 해마다 지방에서 나라에 바치던 공물.

도 세자 일행이 헌종이 있는 곳으로 향하던 중 헌종도 병에 걸려 죽었지요. 고종과 헌종은 한 달 정도의 차이를 두고 죽었어요. 몽골은 헌종의 후계자 문제로 상황이 복잡해졌어요. 몽골의 수도에서는 헌종의 막내아들인 아리크 부케를 따르던 세력이 그를 황제 자리에 앉히려고 음모를 꾸미고 있었어요. 이를 알아챈 쿠빌라이는 남송과 강화를 맺은 뒤 서둘러 수도로 향했지요.

고려의 세자는 아리크 부케가 있는 수도로 발길을 돌릴지, 아니면 남쪽으로 계속 내려가 쿠빌라이를 만날지 고심했어요. 둘 중 누구에게 항복하고 친조를 할지 결정해야 하는 우스운 상황이 벌어진 것이지요. 세자는 결국 만주 일대를 장악하고 있던 쿠빌라이를 만나기로 결정하고 길을 재촉했어요. 그러던 차에 세자 일행과 수도로 향하던 쿠빌라이가 서로 만났어요. 쿠빌라이는 뜻밖에도 고려 세자의 방문에 무척 기뻐했어요.

쿠빌라이(1215~1294) 칭기즈칸의 손자로, 몽골 제국의 제5대 칸이자 중국 원나라의 시조이다.

"고려는 만 리 먼 곳에 있는 나라이다. 일찍이 당나라 태종이 몸소 공격했어도 항복받지 못했다. 지금 그 나라의 세자가 나를 찾아오니 하늘의 뜻일지니라."

쿠빌라이는 고려 세자와의 만남을 좋은 징조로 여기며 세자 일행을 극진히 대접했어요. 사실 당나라 태종의 공격을 이겨 낸 나라는 고구려였지만, 몽골에서는 고구려의 정신을 계승한 고려를 고구려와 같은 나라로 인식하고 있었지요. 이

만남 이후 몽골의 황제로 등극한 쿠빌라이는 세자의 든든한 후원자가 되었어요. 세자가 무사히 고려의 왕위에 올라 원종이 되도록 도와주었을 뿐 아니라 한동안 몽골군이 고려를 약탈하는 것을 금지시키고 고려인 포로 400여 명을 돌려보내는 등 고려의 환심을 사기 위해 노력했답니다. 쿠빌라이가 고려에 대해 유화정책을 실시한 것은 세자와의 개인적인 인연 때문이기도 했지만, 남송을 완전히 굴복시키지 못한 상태에서 몽골에 끈질기게 저항해 온 고려를 자극하지 않는 것이 좋겠다고 판단해서였어요.

그러나 몽골의 유화 정책은 일관성이 없었어요. 갑자기 과도한 공물을 요구하는가 하면 고려에 사신을 보내 '복속한 나라의 국왕이 직접 와서 황제를 알현하는 것은 변할 수 없는 원칙'이라며 원종의 친조를 강하게 요구하기도 했지요. 당시 고려의 관료들은 원종의 친조 문제를 놓고 격렬한 논쟁을 벌였어요. 문신들은 주로 찬성했지만 김인준을 주축으로 한 무신들은 반대했지요. 문신들이 왕의 친조를 찬성한 것은 몽골의 요구를 거부해 몽골이 다시 침입하면 무신들이 정치권력을 장악하게 될까 봐 염려되었기 때문이에요. 반면 무신들은 왕실이 몽골과 긴밀한 관계를 맺고 자신들을 억누를까 봐 두려워 친조를 반대했어요.

논란 끝에 원종은 문신들의 주장에 따라 친조를 했어요. 쿠빌라이, 즉 세조의 환대를 받으며 친조를 마친 원종은 세조에게 개경으로 도읍을 옮기겠다는 약속을 하고 돌아왔지요. 고려 왕의 친조는 우리 역사상 처음 있는 비굴한 일이었어요. 그럼에도 원종과 문신들은 당시 권력을 잡고 있던 무신 정권에 맞서 자신들의 권위를 회복하기 위해 세조와의 유대 관계를 강화했어요. 원종의 노력으로 왕권은 어느 정도 회복되었지만 몽골의 비호로 얻은 왕권은 한계를 지닐 수밖에 없었지요. 몽골이 고려의 정치 전반을 뒤흔들게 되었거든요. 고려는 몽골의 간섭 속에서 점차 몽골에 예속되어 갔어요.

삼별초의 저항

　고려 정부가 개경 환도를 발표하자 많은 백성이 기뻐했어요. 하지만 모든 사람들이 환도를 환영한 것은 아니었지요. 삼별초는 왕명을 거부하고 몽골과 항쟁을 계속하겠다는 의사를 밝혔어요. 적지 않은 백성이 삼별초의 뜻에 동조하자 원종은 곧바로 삼별초의 해산을 명령했지요. 하지만 삼별초는 이 명령 또한 받아들이지 않고 난을 일으켰어요.

　삼별초가 왕의 명령을 거역하면서까지 몽골에 저항하려 했던 이유는 무엇일까요? 원래 최우가 설치한 군사 기구였던 삼별초는 무신 정권기에는 지배층의 사병 역할을 하며 특권을 누렸어요. 그러다 무신 정권이 몰락하자 무신 정권의 하수인 노릇을 했던 일로 정부의 문책을 받을까 봐 두려워졌지요. 거기다 40년 가까이 몽골군과 싸운 주요 부대로서 쉽게 몽골에 항복할 수 없었어요. 특히 신의군은 어느 부대보다도 몽골에 대한 저항 의식이 강했기 때문에 몽골군은 물론, 그들에게 항복한 정부도 따를 수 없었지요.

　삼별초를 지휘했던 배중손과 노영희는 강화도에서 삼별초를 이끌며 원종의 폐위를 선언하고 종친인 온(溫)을 새 왕으로 추대했어요. 삼별초에 속한 병사들의 이탈을 최대한 막는 한편 새 왕조와 정부의 출범을 공식적으로 선언하며 몽골과 고려 정부에 항전을 선포했지요. 그러나 많은 사람들이 강화도를 빠져나갔고 배중손은 더 이상 강화도에서 항전을 계속하기 어렵겠다고 판단했어요. 삼별초의 근거지를 다른 곳으로 옮기기로 결심한 배중손은 배 1000척을 모아 재물을 싣고 가족과 삼별초를 따르는 사람들을 태운 뒤 전라도 서남쪽에 위치한 진도로 향했어요.

진도는 수도인 개경에서 멀리 떨어진 섬이었기 때문에 강화도에 비해 비교적 안전했어요. 고려 정부가 이미 몽골과 결탁한 상황에서 개경과 가까운 강화도는 위험할 수밖에 없었거든요. 진도는 이전부터 최씨 무신 정권과 관련된 곳이기도 했어요. 진도에는 최씨 가문의 농장이 있었거든요. 삼별초는 이 농장이 앞으로 삼별초가 활동하는 데 도움이 될 것이라고 기대했어요. 진도는 대체로 물산이 풍부하고 경상도와 전라도의 *세곡이 개경으로 운송되는 길목에 위치해 있어 항쟁을 하기에 적절한 곳이었어요. 개경으로 세곡이 유입되는 것을 막음과 동시에 그것을 삼별초가 획득할 수 있기 때문이었지요.

삼별초는 진도에 용장성을 쌓고 성안에 궁궐과 관아를 지어 수도의 모습을 갖추었어요. 그리고 온을 황제로 세우고 독자적으로 일본에 사신을 보내 왕성한 외교 활동을 펼쳤지요. 일본에 '두 나라가 협력해 몽골에 대항하자.'라고 쓴 문서나 '강화도에 천도해 약 40년을 지냈고 또 진도로 천도했다.'라고 밝힌 외교 문서를 보내 삼별초 정부를 고려의 정통 정부로 내세우는 한편 개경 정부를 몽골의 꼭두각시 정부로 폄하했답니다.

세곡 나라에 조세로 바치는 곡식

삼별초는 제주도를 포함한 남해안 일대까지 세력을 뻗쳤어요. 남해안의 크고 작은 섬 30여 개를 수중에 넣고 마산, 동래 등 경상도 남부 지역에 대한 *제해권을 확보하며 이른바 해상 왕국으로 군림했지요. 내륙 지역 곳곳의 백성이 삼별초의 항쟁에 호응하면서 이들의 위세는 한층 높아졌어요.

경상도 밀양에서는 박경순, 박공 등이 봉기해 삼별초와 뜻을 같이했어요. 이에 자극을 받은 개경의 관노들이 다루가치와 고위 관료들을 죽이고 삼별초에 투항하려는 시도를 했지만 사전에 들통이 나 실패하고 말았지요. 또 경기도 대부

제해권 평시나 전시를 막론하고 군사·통상·항해 등 해상에서 가지는 권력

도의 섬 주민들도 몽골 인 여섯 명을 죽이고 봉기하는 등 여러 지역에서 반정부 혹은 반몽골을 외치며 봉기가 잇따라 삼별초에 힘을 실어 주었어요.

한편 강화도에서 나온 원종과 세자 그리고 관리들은 관복도 제대로 갖추지 못해 남루한 군복을 입고 개경으로 돌아와야만 했어요. 왕이 거처할 궁궐도 소실되고 없어 임시로 천막을 만들어 지내고 있는 상황에서 삼별초까지 봉기하자 고려 정부는 크게 당황했지요.

고려 정부는 장수 김방경과 몽골군 1000명을 보내 삼별초를 추격하게 하는 한편 재상 신사전에게 삼별초의 진압에 관한 총책임을 맡겼어요. 김방경은 삼별초의 공격을 받고 있던 전주와 나주를 위기에서 구하고 진도에서 삼별초를 토벌하기 위해 매진했으나 *무고를 당해 개경으로 압송되었어요. 게다가 신사전은 토벌을 태만히 하다가 삼별초가 육지로 나왔다는 소식을 듣고는 개경으로 도망치고 말았지요. 이에 고려 정부는 몽골군과 함께 여·몽 연합군을 편성해 삼별초를 공격했어요. 그러나 여·몽 연합군 역시 삼별초를 쉽사리 진압할 수 없었지요.

수적 열세에도 불구하고 삼별초가 여·몽 연합군을 상대로 승리할 수 있었던 것은 삼별초군이 바다의 지리적 이점을 잘 활용한 것과 더불어 여·몽 연합군을 정신적으로 압도했기 때문이에요. 삼별초군은 배에 괴수를 그려 위협적인 분위기를 연출하고, 전투할 때는 북과 징 등을 이용해 적군을 심리적으로 위축시키는 작전을 펼쳤어요.

고려 정부와 몽골은 방법을 바꿔 삼별초를 회유하려 했어요. 진도에 사람을 보내 교섭을 시도했지요. 이에 삼별초의 지휘부는 원종이 보낸 조서에는 회답하면서도 몽골 황제의 조서는 거절해 몽골에 대한 강한 반감을 드러냈어요. 아

무고 사실이 아닌 일을 거짓으로 꾸며 고발하는 일

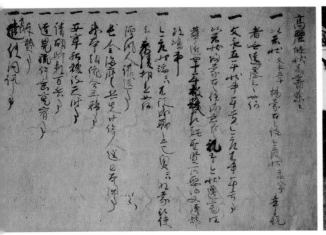

삼별초 문서 1271년 삼별초가 일본 정부에 보낸 문서이다. **항파두리성** 제주도에 위치한 삼별초 최후의 격전지이다.

울러 여·몽 연합군의 철수를 강력히 요구하며 삼별초 정부의 전라도 일대 점유 사실을 인정하라고 주장했지요.

회유책으로 인해 오히려 삼별초의 활동 영역이 넓어지자 고려 정부와 몽골은 회유를 단념하고 진도를 본격적으로 공격하기로 결심했어요. 여·몽 연합군은 무고당했던 김방경을 다시 불러 그를 중심으로 병력과 군선, 군량 등을 증강했어요. 그리고 그동안의 실패를 거울삼아 진도에 대한 상세한 정보를 바탕으로 치밀한 토벌 계획을 짰지요. 군대를 셋으로 나누어 동쪽, 중앙, 서쪽 세 방면에서 진도를 총공격하기로 했어요.

삼별초군은 연이은 승리와 고려 및 몽골의 회유 그리고 내륙 각 지방에서의 호응 등으로 지나치게 사기가 올라가 있었어요. 자만에 빠진 삼별초군은 결국 진압군의 치밀한 계략에 말려들어 기습 공격을 받았지요. 삼별초군의 지휘부는 큰 혼란에 빠져 제대로 싸워 보지도 못하고 무너지고 말았어요. 배중손이 전사하고 삼별초 정부의 왕인 온도 장수 홍다구의 손에 죽임을 당했지요. 삼별초군은 1만여 명이 포로로 잡힌 상황에서 일부만이 어렵게 진도를 빠져나와 제주도로 들어갔어요.

제주도는 삼별초군이 진도를 본거지로 활동할 때 정부군과 치열한 싸움 끝에 확보한 후방 기지였어요. 삼별초군은 김통정의 지휘 아래 제주도에 외성과 내성 등의 방어 시설을 갖추고 전력을 가다듬었어요. 그리고 전라도와 경상도, 충청도 연해 지방을 공격해 조운선과 세곡미를 획득하고 다시 세력을 확장했지요.

제주도를 거점으로 또다시 삼별초의 세력이 커지자 고려 정부와 몽골군은 이번에도 회유책을 사용했어요. 그러나 삼별초는 전과 달리 타협에 응하려는 기색이 전혀 없었어요. 오히려 정부에서 보낸 사람들을 억류하며 강경하게 대응했지요. 그러자 고려 정부는 개경에 있던 김통정의 조카인 김찬 등을 제주도로 보내 회유를 시도했어요. 이에 삼별초는 김찬을 억류시키고 나머지 일행들은 모두 죽여 끝까지 타협하지 않았어요. 고려 정부와 몽골의 속임수 때문에 진도에서 패한 것이라고 생각했던 삼별초는 이제 고려 정부와 그 어떤 관계도 맺지 않으려고 했지요.

회유책이 실패하자 여·몽 연합군은 제주도로 군사 1만여 명과 전함 160척을 보내 김방경의 지휘 아래 총공격을 퍼부었어요. 여·몽 연합군의 기마병이 먼저 제주에 상륙해 치열한 접전을 벌이는 동안 나머지 군사들은 외성을 둘러싸고 불화살을 쏘아 성안을 불바다로 만들었어요. 이로 인해 삼별초군의 주력 부대가 무너지자 김통정은 부하 70여 명을 데리고 한라산으로 후퇴했지요. 김방경은 내성으로 진입해 미처 후퇴하지 못한 삼별초군과 그 가족 1300여 명을 사로잡았어요. 전세가 기울었음을 직감한 김통정이 한라산에서 스스로 목숨을 끊으면서 약 3년에 걸친 삼별초의 항쟁은 끝이 나고 말았답니다.

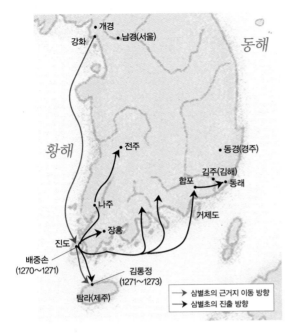

삼별초의 항쟁

지도 내 표기:
개경
강화
남경(서울)
동해
황해
전주
동경(경주)
김주(김해)
합포
동래
나주
거제도
장흥
진도
배중손
(1270~1271)
김통정
(1271~1273)
탐라(제주)

→ 삼별초의 근거지 이동 방향
→ 삼별초의 진출 방향

삼별초의 항쟁은 시대에 따라 다른 평가를 받았어요. 일제 강점기의 민족주의 사학자들은 일본의 식민지 지배를 받는 현실에서 국민들에게 민족적 자긍심을 심어 주기 위해 대몽 항쟁에 초점을 맞추어 삼별초의 항쟁을 긍정적으로 평가했어요. 이러한 관점은 5·16 군사 정변으로 성립된 박정희 정권이 들어서며 민족의 주체성을 확립한다는 명분 아래 더욱 주목받았지요.

반면 그 목적과 동기가 과연 민족적인 항쟁이었는가라는 의문 때문에 삼별초의 항쟁은 부정적으로 평가받기도 해요. 항쟁 과정에서 같은 고려사람끼리 싸우며 수많은 인명 피해가 발생했다는 점에서도 무모한 항쟁이었다는 비판을 받지요.

엇갈린 평가와는 별개로, 삼별초의 항쟁이 일반 백성에게 상당한 호응을 얻었다는 것은 의미 있는 일이에요. 물론 삼별초가 무신 정권에서 파생된 군사 기구인데다 삼별초의 지도부가 자신들의 안위를 위해 항쟁을 이용한 측면을 간과할 수는 없지만 우리는 삼별초의 항쟁에 동참한 민중들의 항거에 주목해야 해요. 몽골과의 강화에 대한 거부와, 몽골과 지배층의 수탈에 더 이상 무기력하게 당하지 않겠다는 의지의 표출이었거든요. 덧붙여 삼별초의 항쟁은 자주성을 지키기 위한 우리 민족의 끈질긴 대몽 항쟁이었다는 점에서도 의미를 부여할 수 있답니다.

몽골은 삼별초의 항쟁을 진압한 후에도 제주도에 계속 군대를 주둔시키고, 제주도를 몽골의 직할령으로 삼으려 했어요. 제주도는 지리적으로 일본과 가까워 일본 원정의 야욕을 품고 있던 몽골의 입장에서는 탐낼 만했지요. 몽골은 급기야 1273년에 제주도에 탐라총관부를 설치하고 제주도 주민을 감시하며 직접 지배하기 시작했어요. 제주도에 유배지를 만들어 도둑 100여 명을 귀양 보내는가 하면 대규모의 목마장을 설치해 말도 길렀지요.

제주도는 훗날 고려의 강력한 반환 요구와 함께 몽골이 일본 원정을 포기하면서 다시 고려의 품으로 돌아왔답니다.

천재 이규보도
뚫기 어려웠던 과거 시험

　중국과 우리나라에서 실시되었던 과거 제도는 합리적이고 선진적인 제도였어요. 타고난 핏줄에 의해 신분이 결정 되던 시절에 개인의 재능과 실력을 바탕으로 객관적인 선발 방식에 따라 인재를 등용했기 때문이지요.

　광종 9년에 쌍기의 건의로 시행되었던 과거 제도는 당시 관료들이 가장 선호하는 출세 방법이었어요. 그러나 과거를 통해 관직을 얻는 과정은 멀고도 험했답니다. 문종 때 관료의 전체 수는 문반 532명, 무반 3867명으로 총 4399명이었는데, 당시의 인구를 대략 500만 명으로 추산하더라도 관료의 수는 대단히 적었어요. 게다가 과거에 합격하더라도 바로 발령받지 못하는 경우가 많았지요. 물론 정직에 준하는 명예직인 동정직을 주어 관료 대우는 해 주었지만요.

　이와 같은 현실을 잘 보여 주는 대표적인 사례가 바로 이규보예요. 무신 정권기의 대표적인 문신이자 방대한 시문을 남긴 문인인 이규보는 9세에 이미 신동으로 소문이 났고 14세 때 명문 사학인 문헌공도에 입학했어요. 이규보는 16세에 국자감에서 진사를 뽑는 과거 예비 시험인 국자감시에 응시했지만 세 번이나 낙방했어요. 22세에 국자감시에 겨우 합격한 뒤 23세에 문과 최종 시험인 예부시에 합격하기까지 총 9년이나 걸렸지요.

그러나 이규보는 과거에 합격한 이후에도 무려 18년 동안이나 관직을 얻지 못하고 대기 발령 상태로 있었어요. 이규보는 관료로 발령받기 전까지 오랜 세월을 기다리며 자신을 관료로 추천해 달라고 여기저기에 청탁 편지를 썼어요. 그래

《동국이상국집》 고려 시대의 문신 이규보의 시문집으로 당시의 사회상을 진실되게 노래했다.

도 발령이 나지 않자, 최씨 무신 정권에 아부하는 글을 쓰며 각종 인연을 동원해 인사 청탁을 시도했지요.

그러다가 41세가 되던 1208년에 비로소 정식 관료가 되었어요.

> "도읍을 옮기는 일은 하늘로 오르기만큼 어려운 일, 마치 공을 굴리듯 하루아침에 옮겨 왔네. 천도 계획을 서두르지 않았으면, 우리 삼한은 이미 오랑캐의 땅이 되었을 것일세."
>
> ―《동국이상국집》(이규보)

최씨 무신 정권이 강화도로 천도하고 육지에 남은 백성이 몽골군에게 무참히 공격당하던 당시, 강화 천도를 찬양한 이규보는 권력을 아부한 지조 없는 문인이라는 평가를 받기도 해요. 그러나 그가 자유분방하며 웅장한 문장과 호탕한 시풍으로 인정받는 천재 문인이었다는 사실만큼은 부정할 수 없답니다.

원나라의 간섭과 고려의 정치 개혁

몽골의 침략을 막지 못한 고려는 결국 몽골과 강화를 맺었어요. 이후 고려 사회는 원나라의 간섭을 받아 이전과 다른 모습으로 변화했지요. 원나라의 간섭에서 벗어나기 위해 고려는 다양한 개혁 정책을 추진했어요. 이제부터 공민왕의 개혁 정책과 새롭게 성장한 신진 사대부가 개혁을 추진하며 왕조를 건국하는 과정에 대해 알아보도록 해요.

원나라의 간섭

몽골은 세조가 즉위한 후, 수도를 카라코룸에서 오늘날의 베이징인 연경으로 옮기고 나라의 이름도 '원(元)'으로 바꾸었어요. 그리고 1279년에는 몽골에 끈질기게 저항하던 남송을 완전히 굴복시켰지요. 이로써 중국은 물론, 그 주변국까지 정복해 유라시아를 지배하게 된 원나라는 고려가 개경으로 환도한 이후 본격적으로 고려의 내정에 간섭하며 고려의 인적·물적 자원을 수탈했어요. 이로 인해 고려는 고통스럽고 수치스러운 시간을 겪게 되었지요.

세계 대제국을 이룬 원나라는 제국에 복속된 여러 지역과 민족을 대부분 직접 통치했어요. 하지만 고려에는 간접 통치 방식을 적용했지요. 감독관을 파견해 내정을 간섭하되, 지배층과 그 지배 체제는 그대로 인정해 주어 고려 왕조가 존속될 수 있도록 한 거예요. 고려가 원나라에 굴복했음에도 불구하고 왕조를 유지할 수 있었던 이유는 무엇일까요?

고려는 장기간에 걸친 항쟁 후 스스로 몽골에 항복했어요. 당시 남송을 완전히 굴복시키지 못한 상태였던 몽골은 고려와 남송이 연합하는 것을 막기 위해 서둘러 강화를 맺었지요. 하지만 고려를 이끌던 무신 세력과 일부 지배층은 고려가 몽골에 완전히 복속되는 것을 끝까지 반대했어요. 따라서 몽골은 고려에 어느 정도 자율성을 인정해 줄 수밖에 없었지요. 물론 고려 역시 다른 복속국처럼 원나라가 요구하는 여섯 가지 의무 사항을 준수해야 했지만요.

첫째, 왕이 친조할 것.
둘째, 원나라에 세자 등 왕자를 볼모로 보낼 것.
셋째, 갖가지 공물의 기초를 위해 호구 자료를 갖출 것.
넷째, 역참을 설치할 것.
다섯째, 군사 및 군량 등을 보조할 것.
여섯째, 다루가치를 설치할 것.

여섯 가지의 의무 사항 중 고려의 자주적인 발전에 큰 걸림돌이 된 것은 다루가치의 설치였어요. 다루가치는 3년의 임기 동안 원나라 황제를 대행해 공물을 징발하고 고려의 내정을 간섭했거든요. 몽골은 개경에 두었던 최고의 다루가치를 비롯해 그 아래 주·군·현까지 다루가치를 배치했어요. 그리고 원나라군에 저항하는 고려인을 처벌하고 고려인 포로를 압송하는 일 외에도 고려인이 무기를 소지하지 못하도록 감시하고 몰수하는 일과 관리에 대한 녹봉 분급 그리고 인사권까지 관여하게 했지요.

다루가치는 고려 왕실이 사용하는 용어까지 꼬투리를 잡았어요. 원나라는 고려를 제후국이나 부마국, 즉 사위의 나라로 강등시키고 이에 걸맞는 용어를 사용하라고 강요했는데 이것은 고려 왕이 원나라 공주와 결혼했기 때문이었어요. 무신 세력을 누르고 왕권을 강화하고자 했던 고려의 원종은 세조에게 원나라의

┃**몽골 말** 제주도에도 배치되었던 다루가치는 몽골에서 말을 가져와 방목했다. 이때부터 제주도에서 본격적으로 말을 기르기 시작했으며, 현재 제주도의 조랑말은 몽골계로 원래 제주의 말과 몽골 말의 혼혈로 나타난 것이다.

공주를 고려의 태자비로 달라고 요청했어요. 이후 원나라 황실과의 혼례는 하나의 전통처럼 이어지며 고려는 원나라의 부마국이 되었지요. 원나라에서 이를 빌미로 고려 왕실에서 사용하는 용어까지 간섭하려 한 거예요.

그러나 고려는 원나라의 지시에 고분고분 따르지 않았어요. 원나라에 보내는 공식 문서를 제외하고는 원래 사용하던 용어를 고수했지요. 그러다 다루가치가 이를 세조에게 일러바치는 바람에 관제와 관명, 작호 등에 대한 용어가 부마국 혹은 제후국의 수준으로 강등되고 말았어요.

원나라는 '폐하'는 '전하'로, '짐'은 '고'로, '태자'는 '세자'로 사용하게 하고 조(祖)와 종(宗) 같은 묘호를 사용하지 못하게 했어요. 또 왕의 시호에 원나라에 충성한 왕이라는 뜻의 '충(忠)' 자를 사용하도록 강요했지요. 뿐만 아니라 정치 기구도 지위가 격하되어 2성 6부와 중추원이 중심을 이루던 체제에서 첨의부 4사와 밀직사 체제로 축소되었어요. 정치 기구의 근본적인 기능과 역할이 변한 것은 아니었지만 기구가 간소화되면서 원나라의 내정 간섭이 보다 효과적으로 이루어지게 되었지요.

원나라의 간섭은 치밀하게 이루어졌어요. 고려의 세자를 인질로 삼아 연경에 머무르게 하는 한편 고려 왕을 사위로 만들어 자연스럽게 연경에 드나들게 했지요. 이러한 방법으로 고려 왕실에 대한 지배력을 강화했어요. 이후 대부분의 고려 왕은 왕위에 오른 뒤에도 연경에 자주 드나들며 원나라의 제도와 풍습을 따랐어요. 제26대 왕이었던 충선왕은 원나라에 거주하면서 고려를 다스릴 정도였지요. 원나라는 고려 왕의 임명은 물론, 폐위나 복위도 좌우했어요. 그래서 충숙왕과 충혜왕은 폐위되었다가 다시 복위되어 재위 기간이 각각 두 번씩 존재한답니다.

원나라가 고려의 왕을 폐위했다가 다시 복위시킨 것은 고려의 왕권을 약화시키기 위해서였어요. 왕의 즉위와 폐위, 복위 등을 통해 부자와 형제 간에 왕위를 둘러싼 대립을 야기하고, 전 왕과 새 왕 사이를 이간질해 고려 왕실의 세력을 약화시키려는 목적을 가지고 있었지요. 실제로 충선왕은 퇴위한 후 아버지인 충렬왕과 심하게 대립했으며, 충숙왕 또한 원나라에 소환되어 있을 무렵, 아들인 충혜왕과 정치적으로 대립했어요.

원나라는 고려 왕실을 분열시키기 위해 고려 왕과 심왕의 대립을 이용했어요. 본래 랴오둥 지방에는 고려와 몽골의 전쟁 때 포로로 잡혀 온 고려인들이 집단으로 거주하는 지역이 있었는데, 이곳을 다스리는 사람이 바로 심왕이었어요. 원나라는 고려의 왕족 중 하나를 심왕으로 임명해 교묘하게 고려 왕과 대립시키고 고려 왕실의 분열을 꾀했답니다. 충숙왕이 원나라에 소환될 무렵 심왕의 자리에 앉아 있던 고(暠)가 왕의 자리를 넘보았던 데 이어 공민왕 때는 고의 손자

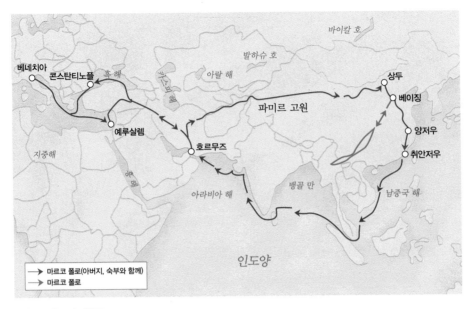

■ 마르코 폴로의 여행로

가 고려의 왕이 되기 위해 일을 꾸미는 등 갈등이 끊이지 않았지요.

　한편 원나라는 삼별초를 진압한 이후 본격적으로 일본 원정을 준비했어요. 원나라에 친조를 거부한 일본을 굴복시키고 송나라 때처럼 동아시아 교역권을 재건하기 위해서였지요. 원나라는 제주도를 일본 원정의 전초 기지로 삼고, 고려를 끌어들여 일본 원정을 단행했어요. 이로 인해 고려는 막대한 인적·물적 부담을 지게 되었고 국력에 큰 손실을 입게 되었지요. 당시 가마쿠라 막부가 이끌던 일본은 정치적으로 안정되어 있었어요. 가마쿠라 막부는 남송이 멸망하기 전에는 남송과 교류하면서 고려와도 1년에 한 차례 정도씩 교역하고 있었지요.

　이 무렵 원나라에는 일본에 황금이 많이 쌓여 있다는 소문이 나돌고 있었어요. 이탈리아 베네치아 출신의 상인인 마르코 폴로가 원나라와 주변 나라를 여행하며 보고 느낀 것을 기록한 《동방견문록》에도 일본은 황금의 나라로 묘사되어 있어요. 이 소문은 원나라의 일본 원정 의욕을 부채질했어요.

처음에 원나라의 세조는 여러 차례 일본으로 사신을 보내 위력을 과시하며 친조의 예를 갖추라고 명령했어요. 그렇지 않으면 군사를 동원하겠다는 엄포를 놓았어요. 고려는 원나라 사신과 동행하거나 단독으로 일본을 방문해 원나라의 뜻을 전하는 중재자 역할을 했어요. 하지만 일본은 친조를 거부하며 사신 일행을 푸대접했고 세조는 크게 분노해 일본 원정을 단행하려 했어요. 이때 사신단의 대표였던 조양필이 일본에 황금이 별로 없다는 사실을 눈으로 직접 확인하고 돌아와서는 세조에게 일본 원정을 중지하라고 건의했어요.

"일본 사람들은 풍속이 더러우며 산수가 많아 아무 쓸모가 없습니다. 또 풍랑이 심해서 그 피해를 예측할 수 없습니다."

하지만 세조는 그 뜻을 꺾지 않았어요. 세조는 개경에 일본 원정을 위한 전방

▌**정동행성터** 고려 후기에 원나라가 일본 원정을 위해 설치한 전방사령부로, 경상남도 마산에 위치해 있다.

사령부인 정동행성을 설치하고, 원정에 필요한 군량을 마련하기 위해 •둔전을 갖추도록 했어요. 그러고는 둔전을 경영한다는 핑계로 고려에 막대한 양의 소와 농기구, 종자 그리고 말의 사료 등을 요구했지요. 원나라의 엄청난 수탈로 백성은 생업을 잃고 굶어 죽기 직전이었어요. 그것도 모자라 원나라는 일본 원정에 필요한 경비의 대부분을 고려에 부담시키고 군사 8000명과 뱃사공 6700명 그리고 전함 900척을 준비하게 했어요. 고려 후기의 승려인 충지는 일본 원정으로 인한 백성의 참혹한 모습을 다음과 같이 표현했답니다.

농사는 때를 맞춰서 하나니 / 때를 놓치면 다시 하지 못하네.

농사 때란 얼마 안 되니 / 봄 여름 바쁠 때가 가장 좋네.

봄이 다하고 여름이 되니 / 농사일 늦출 수 없네.

하늘이 시절을 알아서 / 은택을 사방으로 자주 베풀지만

정동의 일이 시급한데 / 농사일은 뉘라서 다시 생각하랴.

사자는 끊이지 않고 / 동으로 서로 달리네.

백성이 전역에 가니 고을은 비었고 / 말은 달려 강가로 가네.

밤낮으로 벌목해 / 전함 만들다 힘은 다했고

한 자의 땅도 개간하지 못했으니 / 백성은 어떻게 목숨을 이어 가나.

집집마다 묵은 양식도 없고 / 태반은 벌써 굶주려 우는데

게다가 하물며 농업마저 잃었으니 / 당연히 다 죽음만 보겠네.

— 《원감록》(충지)

둔전 변경이나 군사 요지에 주둔한 군대의 군량을 마련하기 위해 설치한 토지. 군인이 직접 경작하는 경우와 농민에게 경작시켜 수확량의 일부를 거두어 가는 두 가지 경우가 있었다.

1274년에 있었던 1차 일본 원정은 태풍으로 인해 전쟁은 치러 보지도 못한 채 실패로 끝이 났어요. 그런데도 세조는 일본 원정을 포기하지 않았지요. 세조는 1279년에 남송을 완전히 정복한 뒤 일본 원정에 더욱 박차를 가했어요. 이때도 고려는 원나라의 계획에 참여했어요. 하지만 이번에는 남해안을 침략하는 왜구를 퇴치하고 국가의 입지를 강화하기 위해 참전한 것이었어요. 고려는 군사 1만 명과 뱃사공 1만 5000명, 전함 900척 그리고 군량 11만 석을 포함해 많은 무기를 준비했어요. 일본을 치기 위해 국가의 모든 생산력을 동원했지요.

1281년에 2차 일본 원정이 시작되었어요. 정동행성 휘하의 고려군과 원나라 군 그리고 여진인과 남송인 등 20만 대군이 일본을 향해 출격했어요. 이들이 일

▌〈몽고습래회사〉 두 권의 두루마리로 이루어진 일본 가마쿠라 막부의 그림. 원나라의 일본 원정 때 연합군과 일본 무사들의 싸움을 그렸다.

본에 상륙해 본격적으로 전투를 치르기 시작했을 때 하늘에서 갑자기 날벼락이 떨어졌어요. 태평양에서 태풍이 몰아친 거예요. 주먹만 한 우박을 동반한 무시무시한 태풍이 전함을 하나둘 침몰시키자 연합군은 크게 당황해 싸움도 제대로 치르지 못하고 도망치기에 바빴지요. 역사는 이때의 참담한 상황을 다음과 같이 기록하고 있어요.

> 원과 고려의 연합군이 전함 3500여 척과 10만여 명의 병력으로 일본을 공격하였으나 태풍을 만나 대부분 익사하였다. 그리하여 고려에 돌아온 자는 열에 한두 명이었다.
>
> ―《고려사》

2차 일본 원정은 엄청난 인명 피해를 입은 채 실패하고 말았어요. 이때 도망치지 못하고 일본에 남은 병사들은 항전 끝에 일본군의 포로로 잡혔어요. 일본군은 포로들을 하카타로 끌고 가 모두 죽이고 남송인은 무사들에게 나누어 주어 노예로 삼았다고 해요.

비록 2차 일본 원정 역시 실패로 끝났지만 일본에는 상당한 영향을 끼쳤어요. 일본어로 각각 몽골 인과 고려인을 의미하는 '무쿠리'와 '고쿠리'라는 단어가 무서운 존재를 칭할 때 사용된다는 사실에서도 원나라와 고려에 대한 일본인들의 공포와 적대감을 알 수 있어요. 일본 이키 섬에서는 아직까지도 아이가 말을 듣지 않고 울면 "무쿠리 고쿠리가 온다."라는 말을 하는데 그러면 아이가 금세 울음을 그친다고 해요. 한편 가마쿠라 막부는 원나라와 고려 등 연합군의 침입을 막아 냈지만 그 여파로 급격히 쇠퇴해 결국 멸망하고 말았답니다.

원나라의 세조는 계속되는 실패에도 불구하고 일본 원정의 꿈을 버리지 못했어요. 충렬왕에게 백두산에서 목재를 베어 배를 만들도록 하는가 하면 양곡을 준비시키는 등 계속해서 일본 원정을 준비했지요. 그러다가 1294년에 세조가 죽으면서 원나라의 일본 원정 계획도 끝이 났어요.

이 소식에 가장 기뻐했던 사람들은 합포, 마산 등 남해안 일대의 고려 백성이었어요. 특히 조선소와 주둔군 숙소, 군영 등이 설치되어 있어 수많은 군사들이 들끓었던 합포 지역은 전쟁 덕에 번영을 누리기도 했지만 백성이 배 만드는 일 등의 각종 부역에 동원되어 극심한 피해를 입었지요.

원나라는 일본 원정이 끝난 이후에도 고려에 정동행성을 계속 남겨 두어 종래의 군사적 기능 대신 고려의 내정을 간섭하고 감시하게 했어요. 고려 말까지 존재했던 정동행성은 고려에 상당한 영향력을 행사하며 고려의 자주적인 발전을 방해했어요.

▌**가쓰모토항** 일본 이키 섬 북부 해안의 항구로, 원나라군이 2차 일본 원정 때 상륙했던 곳이다.

원나라와의 활발한 교류

원나라와 강화를 맺은 이후 고려는 원나라의 간섭을 받았지만 한편으로는 인적·물적 교류를 활발히 이어 갔어요.

원종 때 고려의 태자가 원나라 세조의 딸과 결혼한 이후, 고려의 역대 왕들은 원나라 황실의 공주와 결혼하는 것이 전통이 되었어요. 충렬왕을 시작으로 충선왕, 충숙왕, 충혜왕, 공민왕 등은 모두 원나라의 공주와 결혼했지요. 고려와 원나라의 혼인 관계는 이후 양국의 정치는 물론 경제, 문화, 사회 등의 다방면에 적지 않은 영향을 끼쳤어요. 원나라 공주와 고려 왕의 여러 후비 사이에서 왕의 애정을 놓고 여러 가지 불미스러운 문제가 발생하면서 원나라 황실이 간섭해 정치적인 소동이 일어나는 경우도 있었지요.

충선왕은 원나라 출신의 왕비를 가까이하기보다는 고려 여인인 조비를 총애했어요. 그러다 보니 조비의 음모로 충선왕이 원나라 출신 왕비를 멀리했다는 거짓 소문이 나돌았지요. 원나라는 조비와 그의 가족 그리고 조비를 수발하던 환관과 궁녀들까지 모조리 죽였어요. 그리고 충선왕은 이를 계기로 결국 즉위한 지 7개월 만에 폐위되고 말았지요.

충숙왕은 고려 여인인 덕비를 왕비로 맞은 후 또다시 원나라 공주를 왕비로 들였어요. 그러나 충숙왕 역시 덕비만 총애하고 원나라 출신의 왕비는 멀리했지요. 그러자 원나라는 또다시 간섭했어요. 이후 원나라 출신 왕비가 갑작스럽게 사망하자, 원나라와 고려의 조정에서는 그녀의 사인을 놓고 한동안 소란이 일어났었답니다.

원나라 공주들이 고려 왕에게 시집오면서 두 나라는 자연스럽게 교류가 이루어졌어요. 공주들은 시중을 들 사람을 포함해 많은 몽골 인을 고려에 데리고 왔는데 그들 대부분은 고려에 정착했어요. 그중 일부는 고려와 원나라 황실의 총애를 받아 높은 벼슬을 차지하기도 했지요.

원나라 공주들이 고려에서도 그들의 고유한 생활 방식을 고수하면서 몽골식 물건과 생활 풍습이 고려 궁중에 널리 퍼지게 되었어요. 궁중에서 사용하는 용어도 몽골식으로 바뀌었지요. 궁중의 어른에게 사용하는 존칭인 '마마'와 세자빈을 높여 부르는 말인 '마누라' 등이 궁중 용어로 굳어지고 임금의 음식을 가리키는 '수라'나 궁중에서 일하는 궁녀를 뜻하는 '무수리'도 사용되기 시작했어요.

식생활 역시 몽골의 영향을 받았어요. 촉나라의 제갈공명이 폭풍우를 잠재우기 위해 만들었다는 만두는, 고려 때 몽골에서 우리나라로 전래되었다고 알려져 있어요. 《고려사》에 충혜왕 때 왕궁의 주방에서 만두를 훔쳐 먹은 자를 처벌했다는 기록도 남아 있지요. 소주 역시 몽골의 영향으로 빚기 시작했어요. 증제 방법으로 빚는 소주는 중국에서 처음 만들어졌는데 중국에서는 소주를 아락주라고 부른다고 해요. 이는 소주가 이슬람의 알코올 증류법을 토대로 창안되었기 때문이에요. 아랍 어로 알코올을 가리키는 'Arag'에서 아락주라는 이름이 유래한 것이지요. 고려에서는 세조가 일본 원정을 추진하던 무렵에 처음으로 소주가 빚어졌어요. 일본 원정을 위해 개성과 안동, 제주도 등지에 머물던 원나라군이 소주를 빚으면서 고려에도 전해졌지요. 그래서 고려 소주의 본산인 개성에서는 아직도 소주를 '아락주'라고 부른다고 해요.

고려 사회에 소주가 유행하면서 여러 가지 폐단이 나타났어요. 소주를 제조하느라 많은 곡식이 소모되는 데다 독한 소주를 마시고 취한 백성이 맡은 일을 태만히 했거든요. 결국 1375년에 고려 정부는 전국으로 소주 금지령을 내렸어요. 소주를 제조하는 것은 물론, 마시지도 못하게 했지요.

머리 모양과 의복에서도 몽고풍이 유행했어요. 고려의 왕들이 원나라에 머물며 몽골식 변발을 따르고 호복을 갖추자 일반 관리들이 이를 따라 하면서 지배층 사이에서 몽고풍이 유행하게 된 거예요. 변발은 이마에서 정수리까지의 머리카락을 빡빡 깎은 뒤 나머지 머리카락을 뒤로 땋아 길게 늘이는 머리 모양이에

원나라의 복식 '호복'이라 부르는 원나라의 옷. 유목 민족은 사냥이나 목축을 위해 말을 타는 일이 많아, 편안한 활동을 위해 소매가 좁고 길이가 짧다.

요. 고려의 풍습이 사라진다는 이유로 변발에 반발하는 사람들이 많았지만 원나라에 빌붙어 출세하려 했던 사람들은 버젓이 변발을 하고 다녔지요.

원나라의 영향으로 티베트의 승려들도 고려를 방문했어요. 원나라의 공주들이 티베트 승려들을 고려 궁궐로 초청해 각종 불교 의식을 거행하곤 했거든요. 티베트 불교는 라마 불교라고도 불리는데, 미신적인 면이 강했어요. 고려 왕실과 지배층이 티베트 불교를 신봉하면서 호화로운 불교 행사와 사탑

건립 등으로 고려의 재정이 낭비되기도 했답니다.

한편 이 시기에는 몽골 인 외에도 아랍 인이나 인도인 등 수많은 이민족이 고려와 교류했어요. 이들 중 일부는 수도인 개성을 중심으로 각 지방에 거주하기도 했는데 고려 말에 유행한 고려 가요인 〈雙花店〉은 이슬람교도가 개성에 정착해 만두 가게를 열었음을 보여 주는 예라고 할 수 있어요.

전쟁 포로, 공녀 등으로 원나라에 끌려간 고려인들도 원나라와 고려의 교류에 한몫했어요. 원나라에 포로로 끌려간 수십만 명의 사람들 중 일부는 관청에 소속되어 수공업에 종사했지만 대부분의 사람들은 노예 시장에서 매매되거나 농사일을 하면서 열악하게 생활했어요. 이들은 랴오둥 지방 곳곳에 흩어져 살면서 고려의 전통을 유지하고 독자적인 생활권을 형성했지요.

몽골족은 성을 함락시키면 성안의 사람들을 잔인하게 죽였는데, 여자와 어린 아이들은 생포해 포로로 끌고 가는 경우가 많았어요. 여자들은 성 노리개로 삼거나 종으로 부리고, 어린아이는 심부름 따위의 잡일을 시키기 위해서였지요. 몽골 인들은 고려 여자에게 호감을 가지고 있었다고 해요. 몽골을 포함한 북방의 유목민 여자들은 어릴 때부터 우유를 짜거나 가축을 길러 피부가 햇볕에 그을리고 거친 경우가 많았는데, 농경민인 중국 한인과 고려의 여자들은 상대적으로 피부가 고왔거든요. 전통적으로 여러 아내를 두었던 몽골족은 포로로 잡은 고려 여자들을 데려다 새 아내로 삼는 경우가 많았어요.

원나라는 고려에 금이나 은 등의 공물과 함께 특정한 일에 종사할 사람도 요구했어요. 바로 궁중에서 일할 환관과 궁녀였지요. 원나라의 요구를 거절할 수 없었던 고려 정부는 여염집 처녀들을 강제로 뽑아 원나라로 보냈는데 이때 원나라에 바쳐진 여자들을 공녀라고 해요.

1274년에 원나라에서는 정식으로 사신을 보내 고려에 공녀 140명을 요구했어요. 이때 고려를 방문한 사신을 만자매빙사(蠻子媒聘使)라고 불렀는데 이는 '원나라에 항복한 남송의 군인들에게 고려 여자를 중매하는 사자'라는 뜻이에요. 원나라는 끝까지 저항하던 남송인들의 항복을 받기 위해 다양한 회유책을 썼는데, 그 중 하나가 결혼하지 못한 남송 군인을 고려 여자와 혼인시켜 주는 것이었지요.

고려 사람들은 그 어떤 설득에도 자신이나 가족이 공녀로 끌려가는 것을 원하지 않았어요. 백성이 완강히 거부하면서 공녀의 수를 채우지 못하자 고려 정부는 결혼도감이라는 임시 기구를 설치하고 공녀를 징발하도록 했지요. 이때 양가의 처녀들이 징발의 대상에서 빠지면서 과부와 역적의 아내, 파계한 승려의 딸 등이 징발되어 공녀가 되었어요. 다행히 공녀로 끌려간 고려 여자들은 타국에 가서도 성실하게 잘 살았다고 해요. 하지만 원나라가 이후 더욱 더 노골적으로 공녀를 요구하면서 왕실과 양가의 여자들도 공녀로 징발되었어요. 관료들은 자신의 딸이 공녀로 끌려가지 않도록 안간힘을 써서 막았지요.

홍규의 사례를 통해 당시의 처참했던 상황을 엿볼 수 있어요. 홍규는 일찍이 무신 정권 막바지의 실력자였던 임유무를 제거하는 데 큰 공을 세운 관료였어요. 딸이 원나라의 공녀로 끌려갈 위기에 처하자 홍규는 이를 막기 위해 뇌물을 바치며 갖은 노력을 했지만 상황을 모면할 길이 없었어요. 홍규는 고민 끝에 딸의 머리카락을 모두 깎아 버렸어요. 이 소문을 들은 원나라 출신 왕비가 홍규를 가두고 모진 형벌을 내렸어요. 이때 홍규의 딸도 잡혀 와 심문을 받았는데 그녀는 아버지와 상관없이 스스로 머리를 깎은 것이라고 주장하며 가혹한 고문을 버텨 냈다고 해요. 당시 많은 관료들이 홍규는 공신이므로 작은 죄를 무거운 형벌로 다스려서는 안 된다고 호소했지만 왕비는 아랑곳하지 않았어요. 왕비는 홍규의 재산을 몰수하고 귀양 보내는 한편 그의 딸은 원나라 사신에게 넘겼답니다.

이처럼 왕실이나 양가의 여자들도 징발을 피할 수는 없었어요. 공녀를 면하는 길은 오직 하나, 결혼밖에 없었지요. 그래서 고려 시대에는 딸이 열 살만 넘으면 일찌감치 혼인을 시키는 조혼 풍습이 생겼어요. 조혼은 이후 조선 시대까지 이어지다가 갑오개혁 때 폐지되었답니다.

이 무렵에 무신 기자오의 딸도 공녀로 뽑혀 원나라로 끌려갔어요. 원나라 궁궐로 들어가 궁녀가 된 기씨 여인은 뛰어난 미모와 재능으로 원나라 황제의 눈에 들었지요. 이후 황제의 아들을 낳아 더욱 총애를 얻은 기씨 여인은 몽골 출신 여자만이 황후가 될 수 있다는 원나라 황실의 전례를 깨고 황후의 자리에 올랐어요. 기씨 여인이 황후가 될 수 있었던 것은 그녀의 뛰어난 미모와 수완 이외에도 고용보, 박불화 등과 같은 고려 출신 환관들의 도움 덕분이었어요.

기황후는 환관들의 지원에 힘입어 황제를 능가할 정도의 막강한 정치적 영향력을 발휘했어요. 기황후의 오빠인 기철 등도 원나라를 드나들며 높은 벼슬을 얻었지요. 훗날 기황후의 아들이 황태자에 책봉되면서 기황후의 권력은 더욱 강해졌어요. 기철 일당도 덩달아 기세가 올라 남의 토지를 빼앗는 등 횡포를 부렸지요. 이를 참다못한 공민왕이 기철 일당을 제거하자, 기황후는 황태자에게 고려를 치라고 부추기기도 했답니다.

한편 기황후로 인해 원나라 내 공녀들의 처지는 보다 나아졌어요. 원나라의 관리들 사이에서 고려 여

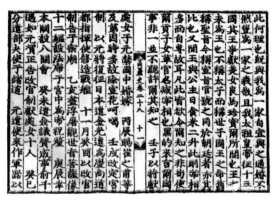

┃《고려사》 1449년에 편찬을 시작해 1451년에 완성된 고려 시대의 역사서로, 공녀에 관한 기록이 남아 있다.

자를 아내로 맞이해야 명문가로 인정받는 풍조가 생기면서 공녀들은 원나라 고관의 첩이 되는 경우가 많아졌어요. 그러자 고려의 일부 관료들은 딸을 원나라로 보내 출세하고자 했어요. 딸이 원나라 황제의 후궁이 되거나 고관의 부인이 되면 고려에서 특권을 누릴 수 있을 것이라고 생각한 것이지요.

> 본국은 원래 남자가 적고 여자가 많은데, 지금 신분의 높고 낮음에 관계없이 처를 하나 두는 데 그치며 아들이 없는 사람도 감히 다른 처를 두려 생각하지 않고 있습니다. …… 청컨대 여러 신하, 관리들이 여러 명의 처를 두게 하소서.
>
> ─《고려사》

고려는 일부일처제를 원칙으로 삼고 있었는데 재상 박유가 원나라의 처첩 제도를 따르자며 상소문을 올렸어요. 박유는 오랜 전쟁으로 여자가 많고 남자는 적으니 첩을 공인해 인구를 늘려야 한다고 주장했지요. 그러나 일부다처제는 고려 여자들의 강력한 반대로 인해 공인되지 않았어요. 그럼에도 일부 관료들과 부자들은 공공연하게 여러 명의 첩을 두었지요.

한편 공녀의 지위가 향상되면서 원나라에 고려의 풍속이 유행하기 시작했어요. 세조의 총애를 받은 이씨를 포함해 공녀 출신 궁녀들의 뛰어난 비파 솜씨로 고려악(高麗樂)이 유행하기도 했답니다. 기황후 이후 고려 여자들이 점차 원나라 왕실과 귀족 사회로 진출하면서 고려의 의복과 신발, 음식 등 고려의 풍습이 원나라 조정을 중심으로 유행했어요. 이를 고려양이라고 해요.

한편 환관 역시 원나라 사회에 적잖은 영향을 끼쳤어요. 처음에는 주로 남송 출신의 환관들이 원나라 궁궐에서 활약했는데 고려의 환관들이 들어오면서부터 궁궐의 사정은 달라졌답니다. 고려 출신 환관들이 황제의 총애와 신뢰를 받아 출세하는 경우가 많아졌거든요. 이 소문에 고려의 평민과 천민들 중에는 원나라의 환관이 되려는 이들이 많았다고 해요.

> 잔인하고 요행을 바라는 무리들이 환관이 출세하는 것을 부러워하고 본받아서 아비가 그 아들을 거세하고 형이 아우를 거세했다. …… 그래서 수십 년 동안 거세된 무리가 매우 많았다.
>
> —《고려사절요》

원나라로 들어간 고려 출신 환관들은 남다른 노력으로 자신들의 위상을 높여 갔어요. 이들은 고려와 원나라 양국의 국정 운영에도 큰 영향력을 행사했는데 방신우, 이숙, 고용보 등은 고려를 위해 많은 문제를 해결한 대표적인 환관이랍니다. 반면, 일부 환관들은 원나라 황실과 밀착해 권력을 휘두르고 원나라 말기에 국정을 문란하게 해 많은 사람들의 비판을 받았지요.

공민왕의 개혁 정책

　공민왕은 충숙왕의 아들이자 충혜왕의 동생으로, 순탄치 못한 과정을 거쳐 왕위에 올랐어요. 일찍이 충혜왕의 아들인 충목왕이 어린 나이로 세상을 떠나자 고려에서는 공민왕을 고려의 왕으로 세우려 했어요. 하지만 원나라는 충목왕의 동생인 충정왕을 왕으로 옹립했지요. 당시 공민왕은 20세가 되던 해에 원나라의 노국 공주와 결혼해 원나라에서 살고 있었어요.

　원나라는 간신과 외척의 횡포로 고려의 국정을 문란하게 했다는 이유로 왕위에 오른 지 2년밖에 안 되는 충정왕을 폐위시키고 다시 공민왕을 즉위시켰어요. 이에 공민왕은 노국 공주와 함께 고려로 귀국했지요.

　1351년에 왕위에 오른 후 공민왕은 변발과 호복은 선왕의 제도가 아니니 본받지 말라는 이연종의 간언에 따라 변발을 풀고 몽골 옷을 벗어 버렸어요. 이를 시작으로 공민왕의 반원 개혁 정치의 서막이 올랐지요. 사실 10년 넘게 몽골 말을 쓰고 몽골의 풍습을 따랐던 공민왕이 신하의 말 한마디 때문에 몽골의 풍습을 버린 것은 결코 아니었어요. 오랫동안 고민하고 또 고민해 내린 결정이었지요.

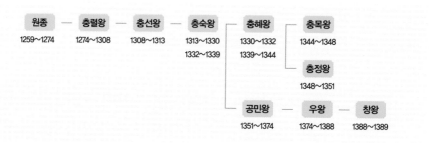

원종
1259~1274

충렬왕
1274~1308

충선왕
1308~1313

충숙왕
1313~1330
1332~1339

충혜왕
1330~1332
1339~1344

충목왕
1344~1348

충정왕
1348~1351

공민왕
1351~1374

우왕
1374~1388

창왕
1388~1389

▌원나라 간섭기의 고려 왕조 계보와 재위 기간

공민왕이 왕위에 오른 14세기 후반은 국내외적으로 상당히 혼란한 시기였어요. 고려에서는 원나라를 등에 업고 마음대로 권력을 부리던 부원 세력의 횡포가 극에 달하면서 왕권이 흔들리고 정치적으로 혼란이 가중되고 있었어요. 부원 세력의 대표적인 인물은 기황후의 오빠였던 기철이에요. 기철은 기황후의 힘을 믿고 왕을 능가할 정도의 힘을 휘둘렀지요.

공민왕이 개경에서 기황후의 어머니를 위해 베푼 축하 잔치의 규모만 보더라도 부원 세력의 기세를 짐작할 수 있어요. 이날의 잔치에는 풍성하게 차려진 기름진 음식 이외에도 천으로 만든 꽃들이 연회장을 가득 채우고 있었는데 꽃을 만드는 데만 5000여 필의 베가 사용되었다고 해요.

이 무렵 원나라는 황위 계승 문제로 지배층의 갈등이 심화되면서 점차 쇠락의 길을 걷고 있었어요. 원나라의 황제인 순제는 연이어 잔치를 열며 향락에 빠져 재정을 낭비했고 백성은 도탄에 빠졌지요. 게다가 한족의 반란 세력이 사방에서 일어나 사회는 큰 혼란에 휩싸였어요. 원나라 정부는 홍건적 등 위협적으로 세력을 키우는 반란 세력들을 막기 위해 온 힘을 다했지만 강남 지방을 중심으로 형성된 반원 세력은 갈수록 확대되었어요.

원나라의 쇠락을 눈치챈 공민왕은 지금이야말로 원나라에게서 벗어날 좋은 기회라고 판단했어요. 그리고 드디어 개혁의 칼을 뽑았지요.

> 기철 등은 기황후의 힘을 믿고 욕심을 부리고 방자했으며, 그 친척들도 교만하고 횡포했다. …… 기철의 친척 아우인 기삼만이 세력을 믿고 불법 행위를 마음대로 해 남의 전토를 강탈했으므로 …… 투옥했더니 20일 남짓해서 죽었다.
>
> ─《고려사》

공민왕은 부원 세력인 기철 일당을 숙청함으로써 반원 정책의 첫 깃발을 들었어요. 기철 일당이 역모를 꾀하자 이를 빌미로 그들을 제거했지요. 공민왕은 기철 일당과 그의 가족들을 모두 죽이고 그들의 재산과 노비를 몰수해 모두 옛 주인에게 돌려주었어요. 이를 통해 공민왕은 백성에게 신뢰감을 얻고 기철 일당의 비리와 횡포를 널리 알릴 수 있었어요.

가장 세력이 막강한 부원 세력을 제거하는 데 성공한 공민왕은 개혁의 수위를 높여 정동행성의 이문소를 없앴어요. 죄인을 심문하는 일을 했으나 차츰 부원 세력의 이익을 대변하는 기구로 전락했던 이문소를 없앰으로써 공민왕은 고려의 사법권을 되찾을 수 있었어요. 공민왕은 또한 원나라에 빼앗겼던 동서북면 지역을 회복하고 몽골식 변발을 금지했어요. 복식 또한 과감하게 개혁해 몽고풍을 몰아내려 했지요.

공민왕의 개혁 정책은 신진 관료 세력의 지지를 바탕으로 이루어졌어요. 신진 관료 세력은 기철 일당의 숙청에 직접적으로 가담하지는 않았지만 친왕 세력으로서 공민왕의 개혁 정책을 지원하고, 개혁을 방해하는 부원 세력이나 권문세족과 정치적으로 대립했어요.

권문세족은 원나라 간섭기 때 원나라를 배경으로 권력을 장악한 정치 세력을 말해요. 이들은 권력을 이용해 불법으로 대농장을 차지하고 왕을 위협하며 백성을 수탈했지요. 공민왕은 권문세족들의 반발로 개혁 정책을 추진하는 데 난항을 겪기도 했는데 이는 정방을 폐지하는 과정에도 잘 드러난답니다.

정방은 최씨 무신 정권 때 최우가 설치했던 기구로, 관리의 인사권을 담당했어요. 무신 정권이 몰락한 뒤에도 그대로 남아 계속해서 인사권을 장악했던 정방은 공민왕의 즉위 직후 폐지되었다가 권문세족의 집요한 반대로 곧바로 복구되었어요. 기철이 제거된 후 이색의 상소를 계기로 다시 폐지되었던 정방은 또다시 설치되며 폐지와 설치를 반복했어요.

공민왕을 도와 개혁 정책을 추진한 인물 중에는 신돈이라는 승려가 있었어요. 신돈은 공민왕 12년에 혜성처럼 정계에 등장해 높은 관직을 하사받고 국정을 총괄했어요. 왕권을 강화하기 위해 강력한 개혁 정책을 추진하던 공민왕은 새로운 인재를 등용해야겠다고 생각했어요. 또 홍건적과 왜구의 침입을 격퇴하는 과정에서 성장한 최영 등의 무장 세력을 견제할 필요성도 느꼈지요. 그러던 중 공민왕은 외척 김원명의 소개로 신돈을 만났어요. 신돈은 사찰 여종의 아들로 미천한 신분이었지만 매우 총명했어요. 독실한 불교 신자였던 공민왕은 신돈을 신뢰하게 되었고 이후 신돈은 궁중을 자유롭게 드나들었어요.

이후 최고 권력자의 위치에 오른 신돈은 정방을 통해 인사권을 장악했어요. 신돈에게 미움을 사거나 반대 세력으로 지목된 사람들이 숙청당하면서 고려 정부는 세력의 교체를 이루었어요. 이로 인해 최영 등의 무장 세력이 실각하자 신돈에게 아부하는 무리가 늘어났어요. 한편에서는 신돈을 못마땅하게 여기는 이들도 많아졌어요.

전민변정도감의 설치는 신돈이 추진했던 대표적인 개혁 정책 중 하나예요. 신돈은 부정한 방법으로 토지를 빼앗고 대농장을 경영하며 양민들을 노예로 삼았던 권문세족의 횡포를 시정하기 위해 전민변정도감을 설치했어요. 그리고 도감의 판사가 되어 의욕적으로 일을 추진했지요. 신돈은 억울하게 노비가 된 자를 조사해 양인으로 해방시켜 주었어요. 그리고 개경은 15일, 그 외 지방은 40일의 기한을 주고 자진 신고를 받아 권문세족이 불법으로 점유한 토지와 노비를 본래 주인에게 돌려주었어요.

근래 여러 공신과 권세 있는 집안이 불법으로 증명서를 받아 본래 (자신의) 토지라고 하면서 산과 하천을 경계 표지로 해 앞다투어 자신의 것으로 하고 있다.
−《고려사》

고려 말에 크게 번성했던 대농장은 많은 문제점을 야기했어요. 토지 제도를

옥천사지 신돈의 태생지로, 경상남도 창녕에 절터가 남아 있다.

문란하게 만들어 자영농을 몰락시켰거든요. 공민왕은 전민변정도감을 통해 이러한 문제를 해결하려 했어요.

고려 말의 신진 관료 세력 역시 혼란한 정치 상황 속에서 중요한 역할을 했어요. 이들을 가리켜 신진 사대부라고 해요. 신진 사대부 중에는 신돈과 밀착해 적극적으로 정치 개혁에 참여한 사람이 있는가 하면, 신돈을 비판하다가 축출되거나 신돈을 제거하기 위해 모의했다가 피살된 사람도 있어요. 하지만 이색, 정몽주, 정도전 등 대부분의 신진 사대부들은 중도적인 입장을 취하며 현실을 인정하고 개혁에 참여했지요. 이들은 공민왕의 친명 정책에 동조하며 왕과의 유대를 강화했어요.

공민왕 집권 후반기에는 중국도 큰 변화를 겪고 있었어요. 이른바 원명 교체기로, 원나라가 쇠약해진 틈을 타 강남 지방을 중심으로 반원 세력을 이끌던 주원장이 명나라를 건국한 거예요. 강남 지방은 남송 출신의 한인들이 주로 살던 곳으로, 당시 이들은 원나라의 민족 차별 정책으로 큰 피해를 입고 있었어요. 때문에 다른 지역에 비해 반원 세력이 성장하기 쉬웠지요. 명나라가 등장하면서 원나라는 북쪽으로 밀려나고 말았어요. 그렇다고 해서 원나라가 아예 멸망한 것은 아니었어요. 여전히 몽골 지방 및 랴오시·랴오둥 지방에서 만만치 않은 세력을 구축하고 있었지요. 원나라를 완전히 제압하기 위해 고려의 도움이 필요했던 명나라와 원나라의 압력에서 완전히 벗어나기 위해 명나라가 필요했던 고려는 서둘러 국교를 맺고 우의를 다졌어요. 이로써 고려는 반원 정책에 박차를 가할 수 있었지요.

공민왕은 랴오둥 정벌을 단행하는 한편, 두 차례에 걸쳐 동녕부 정벌에 나섰어요. 또 관제를 개혁해 원나라에 의해 축소되거나 개편되었던 관제를 원래대로 복구했지요.

공민왕의 친명 정책으로 왕과 신진 사대부 간의 유대 관계가 끈끈해진 반면, 왕과 신돈 사이에는 틈이 벌어졌어요. 공민왕이 점차 신돈의 집정에 회의를 품으며 직접 정사를 돌보기 시작하던 차에 신돈의 권력 행사를 비판한 이첨의 상소문은 공민왕으로 하여금 많은 것을 생각하게 했어요.

신돈을 제거하기 위한 모의가 계속해서 일어나고 신돈을 역모와 연루시켜 고발하는 일이 빈번히 일어나면서 공민왕은 차츰 신돈에 대한 위기의식을 느꼈어요. 그러다 결국 1371년 7월에 신돈은 역모를 꾀했다는 죄목으로 하루아침에 권력을 잃고 말아요. 신돈은 수원으로 유배되었다가 곧 죽임을 당했는데 그 시간이 겨우 5일밖에 걸리지 않았을 만큼 신속하게 처리되었답니다.

고려는 새로운 정치 국면을 맞이했어요. 과거 신돈에 의해 제거되었던 무장 세력들도 다시 정치 일선에 등장했지요. 이 무렵 왜구의 침입이 빈번해지고 대명 외교로 나라 전체가 긴장하면서 무장 세력의 입지는 전보다 더 강화되었어요. 신진 사대부들은 종전의 관직을 유지하긴 했으나 정국을 주도해 나갈 만큼의 힘을 소유하지는 못했어요. 명나라의 힘이 서서히 랴오둥까지 미치고 있었지만 원나라 역시 랴오시·랴오둥 지방에서 상당한 세력을 확보하고 있었기 때문에 고려의 지배층은 친명파와 친원파로 나뉘어 서로 대립했어요.

공민왕은 신돈의 몰락 이후에도 개혁을 계속 추진하려 했지만 뜻대로 진행되지 않았어요. 그래서 실추된 왕권을 강화하고 인재를 양성하기 위해 공신과 고위 관료의 자제를 선발해 자제위를 만들었어요. 그러나 공민왕은 반공민왕 세력의 사주를 받은 자제위 소속 홍륜과 환관 최만생에 의해 시해를 당하고 말았어요. 이로써 공민왕의 죽음과 함께 개혁도 끝이 났지요.

조선 시대에 편찬된 고려에 관한 기록인 《고려사》를 보면 공민왕이 노국 공주가 죽은 후 실의에 빠져 모든 국사를 신돈에게 위임했으며, 말년에 자제위를 만들어 미소년을 소속시키고 그들과 부적절한 동성애를 즐겼다는 기록이 남아 있어요. 하지만 이 기록은 사실로 보기 어려워요. 왜냐하면 《고려사》는 조선의 건국을 합리화하기 위해 만들어진 역사책이기 때문에 고려 말에 관한 내용, 특히 신돈이나 공민왕에 대해서는 부정적으로 서술했을 가능성이 높거든요. 따라서 자제위는 공민왕이 신돈의 죽음 이후 왕권을 강화시키고 자신의 신변을 보호하기 위해 만든 정치적 성격의 기구라고 이해하면 무방할 거예요.

▌**공민왕과 노국 공주** 서울시 종묘. 공민왕 사당에 그려져 있다.

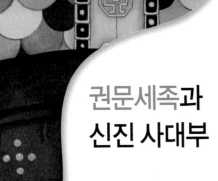

권문세족과
신진 사대부

　무신 정변 이후 문신 중심의 폐쇄적인 지배 체제가 붕괴되면서 지배층의 출신 기반이 다양해지기 시작했어요. 이들 중에는 권력층으로 부상해 권세를 누리거나 지속적으로 관료를 배출해 문벌을 형성하는 부류들이 있었는데 이들을 통틀어 권문세족이라고 불러요. 권문세족은 문벌을 키운 방법이나 등장 시기에 따라 몇 가지 유형으로 나눌 수 있답니다.

　먼저 무신 집권기 최고의 권력층이었던 무신 가문이 있어요. 초기에는 정권이 자주 교체되어 최고위층 무신 가문이 성장하는 데 한계가 있었지만, 최충헌 이후로 최씨 가문은 4대에 걸쳐 약 60년간 집권하며 지속적으로 권력을 행사했지요.

　다음으로 고려 전기부터 문벌로 성장해 무신 집권기에도 꾸준히 그 사회적 지위를 유지했던 가문이 있어요. 당시 이들은 충직한 문신으로 인정받거나 무신들과 혼인 관계를 맺어 무신 정권의 탄압에서도 무사할 수 있었지요. 정안 임씨(定安任氏), 경주 김씨(慶州金氏) 등이 대표적인 가문이에요.

무신 정권기에 과거를 통해 중앙 관료로 진출한 세력도 있어요. 학문적 소양과 행정 실무 능력을 갖춘 인재를 원했던 최씨 정권의 인사 정책에 따라 정계에 진출한 이들은 학자적 관료라고 할 수 있지요. 문벌 가문보다는 하급 관료나 향리의 자제들이 많았는데 이후 지속적으로 관료를 배출하면서 지배 세력으로 성장했어요. 성향에 따라 고려 말 권문세족으로 성장하기도 하고 신진 사대부의 기원이 되기도 했지요.

　　비록 최고위층 무신 가문은 아니었지만 무반에서 출세해 집안을 키운 부류도 있어요. 이들은 몽골 등 외세의 침입이라는 대외적 상황과 맞물려 문벌로 성장할 수 있었지요. 언양 김씨(彦陽金氏) 가문의 김취려는 거란의 침입을 격퇴하고 몽골과의 전쟁에서 공을 세우며 고위직에 올라 가세를 키웠고, 안동 김씨(安東金氏) 가문의 김방경은 몽골과의 전쟁과 삼별초의 진압 그리고 일본 원정 등에서 두각을 나타내며 가문을 일으켰지요.

　　원나라 간섭기에는 새로운 가문이 권력을 잡고 권문세족으로 성장하는 경우가 많았어요. 당시 고려의 왕들은 원나라의 지원으로 왕위를 유지하는 한편, 왕권을 강화하기 위해 끊임없이 노력했는데 이 과정에서 왕의 측근들이 새로운 권력층으로 등장했답니다. 이들은 몽골어 역관이나 환관 또는 매 사육을 담당하는 관청인 응방에서 활동하며 왕의 측근으로서 막강한 권력을 행사했어요. 이들 중 지속적으로 관료를 배출해 권문세족으로 성장한 가문은

■ 눌곡종택 경상북도 영덕에 위치한 조선 시대 가옥으로 경주 김씨의 종갓집이다.

평양 조씨(平壤趙氏), 고흥 유씨(高興柳氏), 해평 윤씨(海平尹氏) 등이 있지요.

> 조인규는 나면서부터 영특했고 자라나 공부하고 글의 뜻을 어느 정도 알게
> 되었다. 그때 나라에서 나이 어린 소년들 중에서 똑똑한 아이들을 골라서 몽
> 골 어를 배우게 했는데 조인규도 여기에 선발되었다. ······ 3년 동안 몽골 어
> 를 공부한 결과, 마침내 능통하게 되었다. 원나라의 황제 앞에서 통역을 잘한
> 것으로 유명해져 나중에 장군으로 승진했다.
>
> — 《고려사》

　　평양 조씨 가문의 조인규는 몽골 어 역관 출신으로, 충렬왕을 보필하며 권력
층으로 부상한 뒤 수상을 역임하며 정계의 중심인물로 활동했어요. 그의 아들
들 역시 고위직을 역임했고, 딸은 충선왕의 아내가 되었지요.

　　고흥 유씨 가문의 유청신은 몽골 어를 잘하고 외교에 능해 충렬왕의 측근이
되었는데, 충렬왕에 이어 충선왕까지 2대에 걸쳐 고위직을 역임했어요. 그의 아
들과 손자까지 모두 고위직을 지내면서 권문세족으로 성장했어요.

　　이처럼 권문세족은 정계에 진출한 시기나 유형 면에서 차이가 있지만 가문에
서 지속적으로 관료를 배출했다는 공통점을 가지고 있어요. 고위직을 포함해 보
통 3대 이상이 관료로 진출하면 권문세족으로 발전했지요.

　　권문세족에게 권력이 집중되면서 토지 제도가 문란해졌어요. 점차 권문세족
의 대토지 소유 현상이 발생했어요. 12세기 이래 꾸준히 이루어졌던 권문세족의
•토지 겸병은 무신 정권을 거치며 더욱 가속화되었는데 원나라 간섭기 이후에

토지 겸병 남의 땅을 강제로 빼앗아 자신의 토지를 넓히는 일.

는 심각한 상태에 이르렀어요.

당시 권문세족은 고리대를 이용해 농민들의 토지를 불법으로 빼앗거나 헐값에 토지를 사들이며 합법을 가장해 토지를 가로챘어요. 한 번에 많게는 수백 결에 이르는 토지가 권문세족의 손으로 넘어갔어요. 이때 이들이 차지한 엄청난 규모의 땅을 농장이라고 불러요. 농장은 산천을 경계로 삼을 정도였는데 권문세족들은 정작 땅에 대한 세금, 즉 전조는 납부하지 않아 그 부담은 고스란히 백성에게 돌아갔어요. 권문세족은 본래부터 막대한 경제적 기반을 갖추고 있었어요. 그런데다 지속적으로 관료를 배출해 국가에서 토지와 녹봉 등을 지급받으면서 계속해서 부를 축적할 수 있었지요. 이 때문에 고려 사회의 경제적 모순은 날이 갈수록 심화되었어요.

권문세족의 농장 확대로 농민들은 몰락하고 국가의 재정은 위태로워졌어요. 충선왕과 공민왕은 전민변정도감을 통해 토지와 노비를 정리하고 농민들의 노비화를 막고자 했어요. 이에 대부분의 권문세족은 반발했지만 일부는 개혁에 참여하기도 했어요. 물론 자신들의 경제적 기반이 손

▌최영(1316~1388) 고려의 명장으로, 대표적인 권문세족 중 하나였다.

상되지 않는 범위 내에서 심각한 사회적 모순을 완화하고자 했지요. 이는 정부의 개혁이 근본적인 문제를 해결하려 한 것이 아니라 운영상의 문제를 시정하는 수준이었음을 의미해요.

원나라와의 종속적인 관계가 정착되면서 권문세족은 이에 순응하거나 아예 원나라와 적극적으로 결탁해 자신들의 지위를 지키려고 했어요. 이에 따라 몽골어 역관 혹은 환관이 되거나 가족을 원나라의 공녀로 보내는 방법을 통해 권력층으로 부상하는 경우도 나타났지요. 일부에서는 원나라와 학문적으로 교류하거나 원나라의 과거 시험에 합격해 지위를 향상시키려 하기도 했고요. 약간의 개인차는 있지만 권문세족은 대체로 친원적인 성향을 지니고 있었어요.

권문세족은 우왕 때 접어들며 그들이 차지한 정치적 위상이나 원나라와의 관계 그리고 현실을 인식하는 방식에 따라 분화되었는데, 이는 이인임 정권의 등장과 이성계의 권력 장악 과정에서 명확히 드러난답니다.

이인임은 공민왕 때 두 차례에 걸친 홍건적의 침입을 격퇴해 일등 공신이 된 인물로, 당시 대부분의 권문세족들은 이인임 정권에 기대 권력을 유지했어요. 이인임은 공민왕이 암살된 후 우왕을 고려의 왕으로 세우고 독재 정치를 펼치며 고려 정부의 실세로 부상했어요. 하지만 신진 사대부 중심의 개혁 세력에 가담하는 이들도 적지 않았지요. 이들은 개혁을 추진하거나 왕조 교체에 협조해 훗날 그 지위를 유지할 수 있었지만 개혁에 반대한 권문세족은 정치계에서 도태되고 말았어요.

신진 사대부는 권문세족과는 다른 성향을 가지고 있었어요. 이들은 고려 후기에 공민왕이 개혁 정치의 일환으로 성균관을 중건하고 과거 제도를 강화하는 과정에서 성장했지요.

신진 사대부들은 대부분 향리 출신이거나 지방의 중소 지주층으로 출신 가문이 변변하지 못했어요. 그러나 고려 후기에 시비법의 발달과 수리 시설의 확충으로 농업 생산력이 증대되면서 부를 축적한 이들은 탄탄한 경제력을 바탕으로 과거 준비에 전념해 결국 중앙 관료로 진출할 수 있었지요.

신진 사대부는 대부분 과거를 통해 정계에 진출했기 때문에 경학에 대한 수준이 높고 행정 실무 능력이 뛰어났어요. 성리학을 내세워 고려 말의 현실을 비판하고 사회를 개혁하고자 했던 이들은 불교를 부정적인 시선으로 바라보았어요. 불교의 폐단을 지적하는 수준에서 그치지 않고, 불교의 교리 자체를 부정했지요. 이는 불교를 신봉하던 권문세족에 대한 반발에서 비롯된 것이기도 했어요.

신진 사대부는 우왕 때 이인임이 권력을 장악하면서 일시적으로 세력이 위축되기도 했지만 랴오둥 정벌을 반대한 이성계 등의 신흥 무신 세력과 연합해 정권을 장악할 수 있었어요. 이후 신진 사대부는 안으로는 토지 개혁을 요구하고 밖으로는 친명 정책을 표방하며 원나라와 연결된 권문세족을 제거하고 정치의 주도권을 잡았답니다.

최영과
이성계의 성장

14세기 중반이 되자 몽골족의 지배를 받던 한족들이 각지에서 반란을 일으키기 시작했어요. 이들 중 한산동을 두목으로 삼고 머리에 붉은 두건을 두르고 다니던 도적의 무리를 홍건적(紅巾賊) 또는 홍두적(紅豆賊)이라고 불렀어요. 홍건적은 세력을 빠르게 확대하며 중국 각지에서 원나라 정부와 전투를 벌였는데, 그들 중 한 무리가 원나라의 공격을 피해 고려로 넘어오면서 홍건적의 고려 침입이 시작되었답니다.

홍건적은 크게 두 차례에 걸쳐 고려에 침입했어요. 1359년에 있었던 1차 침입 때는 4만 명의 무리가 쳐들어와 평북 의주와 정주를 함락하고 순식간에 평양까지 점령했지요. 이에 고려 정부는 군사를 보내 이들을 물리치고 평양을 탈환했어요. 이때 고려군은 도망치는 홍건적을 끝까지 추격해 압록강을 넘어 살아 돌아간 홍건적이 수백 명에 불과할 정도로 섬멸했다고 해요.

그 뒤에도 여러 차례 황해도와 평안도 지역을 침범해 노략질을 일삼던 홍건적은 1361년 10월에 2차 침입을 시도했어요. 무려 10만 대군을 이끌고 고려로 쳐들어왔지요. 홍건적이 순식간에 개경까지 밀고 내려오자 당시 고려의 왕이었던 공민왕은 수도를 버리고 안동까지 피신했어요. 그해 11월에 개경이 홍건적의 손에 넘어가면서 큰 위기에 봉착한 고려는 전열을 정비했어요. 이듬해 1월이 되자 이방실, 최영, 이성계 등이 이끄는 고려군이 개경을 포위했어요. 방심하고 있던 홍건적 무리는 우왕좌왕하다 도망치기 시작했지요. 이성계가 적장의 목을 베면서 고려는 개경을 탈환했답니다.

고려 말에는 홍건적뿐 아니라 왜구까지 수시로 고려를 침입했어요. 왜구는 삼국 시대 때부터 한반도를 침입했지만 그 정도가 심하지는 않았어요. 그러나 고려 말이 되자 지속적으로 침입하며 약탈을 자행했어요. 고려는 왜구 때문에 몸살을 앓을 지경이었고요. 왜구는 공민왕 때부터 41년간 총 506회, 평균 1년에 12회 이상 고려에 침입했다고 해요.

왜구가 이처럼 빈번하게 고려에 침입한 것은 일본의 국내 사정 때문이었어요. 당시 일본은 가마쿠라 막부가 멸망하고 무로마치 막부가 들어서며 일본 황실이 남북으로 갈라져 서로 다투었어요. 중앙의 통치 권력이 약해진

홍건적과 왜구 격퇴 지도

틈을 타 각 지방의 무사들이 영지를 획득하기 위해 싸움을 벌였고, 덩달아 수많은 해적들도 날뛰었지요. 왜구는 고려뿐 아니라 중국 연안까지 쳐들어가 약탈을 일삼았어요.

　개혁 정책의 실패 후 공민왕이 암살당하면서 우왕이 10세의 어린 나이로 고려의 왕위에 올랐어요. 고려의 정치적 혼란은 곧 군사력의 약화로 이어졌고, 이로 인해 고려 정부는 왜구의 침입에 효과적으로 대응할 수가 없었어요.

　당시 일본의 식량 사정이 좋지 않았던 탓에 왜구는 곡식을 약탈하는 데 주력했어요. 고려의 조운선을 덮치고 연안의 곡물 창고를 습격했지요. 이에 고려 정부는 왜구의 침입을 막기 위해 회유책과 강경책을 동시에 사용했어요. 고려는 화친의 일환으로 일본 막부와 직접 교섭을 벌이며 왜구의 침입을 막으려 했지만

별 성과를 얻지는 못했어요. 이에 고려는 왜구에 강경하게 맞서기로 했어요. 성을 쌓고 수군을 강화하는 한편, 새로운 무기인 화포를 개발했지요. 국방력을 강화해 왜구를 토벌하기로 한 거예요.

이와 같은 노력이 성과를 거두면서 전장에서 활약하던 무신들이 성장하기 시작했어요. 최영과 이성계가 대표적인 인물이에요. 이들은 우왕 말기에 빈번히 고려를 침략하던 왜구를 물리치고 명성과 권력을 얻었어요.

이성계의 고조할아버지인 이안사와 아버지 이자춘은 함경도 지역에 살며 원나라에서 벼슬을 얻었어요. 그러던 중 공민왕이 반원 정책을 실시하자 이자춘은 고려로 귀화하고 고려의 관직을 얻어 활동했어요. 이렇듯 집안의 정치적 기반이 취약했던 이성계는 자신이 가진 탁월한 무술 실력과 공적을 통해 스스로 성장

이성계(1335~1408) 고려 말기에 급부상한 신흥무장 세력의 중심 인물로, 이후 조선의 제1대 왕이 된다.

했어요.

《고려사》의 기록을 보면 이성계는 본격적인 전투를 치르기 전에 신기에 가까운 활 솜씨로 군사들의 사기를 북돋웠다고 해요. 먼 곳에 놓여 있는 투구나 새 등을 목표물로 삼고 "저것을 명중하면 이번 전투는 반드시 이길 것이다."라고 말한 뒤 모두 명중시켰지요.

이성계의 활 솜씨는 1378년에 있었던 황산 대첩에서도 빛을 발했어요. 당시 왜구의 적장이었던 아지발도는 15~16세 가량의 어린 나이였음에도 불구하고 매우 용맹해 고려 군사들이 매우 두려워했어요. 얼굴까지 모두 갑옷으로 가려 빈틈이 보이지 않았던 아지발도를 향해 이성계가 활을 쏘았어요. 활은 아지발도의 투구 꼭지를 명중시켰지요. 투구가 떨어지자 이성계는 그 틈에 얼굴을 쏘아 아지발도를 죽였고 지휘관을 잃은 적군은 기세가 꺾여 도망가기에 바빴어요. 결국 고려군이 승리를 거두었지요.

한편 최영은 홍산 대첩에서 크게 활약했어요. 1376년에 최영은 61세라는 적지 않은 나이에도 불구하고 적군과 맞서 용맹하게 싸웠어요. 그러다 숨어 있던 왜구가 쏜 화살에 맞아 최영의 입술에서 피가 철철 흘렀다고 해요. 그러나 최영은 안색 하나 변하지 않고 더욱 용맹스럽게 싸워 결국 적을 섬멸했지요.

최영과 이성계는 무장으로서 뛰어난 기량을 발휘하며 정치적 위상을 높여 갔어요. 하지만 이들은 위화도 회군을 계기로 입장이 엇갈리며 서로 다른 길을 걷게 된답니다.

역사의 갈림길에 선
신진 사대부

이색(1328~1396) 고려 후기의 문신이자 학자이다.

　고려 말이 되자 신진 사대부는 조선 왕조의 건국을 둘러싸고 정치적 행보를 서로 달리했어요. 고려 왕조를 유지한 상태에서 점진적인 개혁을 추진하자는 온건파와 새로운 왕조를 세우자는 급진파로 나뉘어 서로 대립했지요.

　이색, 정몽주, 이숭인 등 대부분의 신진 사대부들은 온건파 사대부로, 고려에 대한 절의를 지키며 새 나라의 건국을 반대했어요. 반면 정도전, 조준 등은 급진파 사대부로, 전면적인 토지 개혁과 함께 폐가입진(廢假立眞)을 주장했지요. 폐가입진은 가왕(假王)을 몰아내고 진왕(眞王)을 세운다는 뜻이에요. 급진파 사대부들은 우왕이 공민왕의 자식이 아닌 신돈의 자식이라 말하며 우왕은 물론 그의 아들 창왕 역시 거짓 왕이라고 주장했어요. 이들은 끝내 창왕을 폐위하고, 고려의 20대 왕인 신종의 7대손 요(瑤)를 공양왕으로 세웠는데 후에는 조선을 건국하는 데도 큰 공을 세운답니다.

　온건파 사대부와 급진파 사대부는 성리학을 통치 이념으로 삼고 성리학적 질서를 지향했다는 점에서는 공통점을 지녔지만 군신 간의 관계나 문제점을 해결하는 방법에 있어서는 명확하게 차이를 보였어요. 온건파 사대부의 대부분은 절대적 군주관을 옹호했어요. 임금과 신하의 관계는 절대 불변의 관계이므로 영원하며 변경할 수 없다고 생각했지요. 이러한 인식 덕분에 이들은 끝까지 고려 왕조에 대한 절개를 지키며 충신으로 남을 수 있었어요.

　반면 급진파 사대부는 성리학의 대의명분에 충실하면서 절대적 군주관을 비판했어요. 군주는 존재하는 그 자체로 충성의 대상이 되는 것이 아니라 대의명분에 맞아야만 정통성을 가지며 충성의 대상이 될 수 있다고 했지요. 이들은 유교 경전에 나오는 천명사상을 역설하며 왕이 존립할 수 있는 근거에 초점을 맞추었어요. 여기서 천명사상이란, 우주 만물을 지배하는 하늘의 명령에 따라 땅

▌**문헌사** 정도전을 모신 사당. 경기도 평택에 위치해 있다.

위의 성현이 나라를 통치한다는 정치사상이에요. 이 사상에 따르면 천명과 민심에 순응하는 군주가 곧 대의명분에 맞는 정통 군주라는 거예요. 만약 여기에 어긋나면 군주라 하더라도 정정하고 바꾸어야 한다는 이 명분론에 따라 급진파 사대부는 명분에 맞지 않는 우왕과 창왕 그리고 고려를 부정했답니다.

신진 사대부들은 토지 제도의 개혁을 놓고서도 입장의 차이를 보였어요. 고려 말 문란해진 토지 제도를 개혁하는 방법을 두고 서로 대립했지요.

> 공양왕 3년(1391), 도평의사사가 글을 올려 과전을 지급하는 법을 정할 것을 요청하니 왕이 따랐다.
>
> 경기는 사방의 근본이니 마땅히 과전을 설치해 사대부를 우대한다. 무릇 경성에 거주해 왕실을 시위하는 자는 직위의 높고 낮음에 따라 과전을 받는다. 토지를 받은 자가 죽은 후 그의 아내가 자식이 있고 개가하지 않으면 남편의 과전을 모두 물려받고, 자식이 없고 개가하지 않으면 반을 물려받는다. 부모가 모두 사망하고 그 자손이 유약한 자는 흘양전으로 아버지의 과전을 모두 물려받고 20세가 되면 본인의 과에 따라 받는다.
>
> —《고려사》

당시 고려 정부는 토지 주인에게 생산물의 일정량을 토지세로 거두었는데, 전시과 제도가 마련되면서 관리들에게 봉급 대신 토지세를 거둘 수 있는 권리인 수조권을 주었어요. 이처럼 국가가 아닌 관리가 수조권을 갖는 토지를 사전이라고 해요. 관리는 퇴직 후 국가에 수조권을 반납해야 했는데, 무신 정변 이후 토지 제도가 제대로 운영되지 않으면서 권세가들은 사전을 자손에게 세습하고 농민들에게서 토지를 빼앗는 한편 규정 이상의 세금을 징수했어요. 농민들은 1년에 한 번만 내면 되는 토지세를 심하면 아홉 번씩 내는 경우도 있었지요. 농민들의 생활이 궁핍해지면서 국가의 재정도 어려워졌어요. 이에 대해 온건파 사대부인 이색, 권근 등은 토지 제도의 문제점이 1년에 여러 번의 세금을 거두는 데 있다고 생각했어요. 그러므로 사전의 주인을 분명히 해 1년에 한 번씩만 세금을 거두게 하면 문제가 해결될 것이라고 주장했지요.

반면 급진파 사대부인 정도전, 조준 등은 관리들에게 사전을 나누어 주는 방식 자체가 문제라고 주장하며 토지 제도를 개혁하고자 했어요. 이들은 기존의 사전을 없애고 모든 토지를 국가에 귀속시키되 경기도에 한해서만 사전을 지급하자고 주장했지요. 이를 통해 국가의 수조권을 강화하고 농민들의 생활을 안정시키려 한 거예요.

고려와 이슬람의
활발한 교류

중국 광저우의 이슬람교도 묘역 부근에서 원나라 간섭기에 만들어진 고려인의 무덤과 묘비가 발견되었는데 그 내용이 제법 흥미로워요.

무덤의 주인은 고려인 라마단, 그는 1312년에 태어났고, 부친은 알라웃딘이며, 대도 남쪽 완평현에 거주했다. 1349년에 루찬 다루가치에 임명되었으나 그해 3월에 광저우에서 죽었고 8월에 광저우 이슬람 묘역에 묻혔다.

지금까지 국내의 어느 문헌에도 이슬람교로 개종한 고려인에 대한 기록은 없어요. 자료가 부족해 정확하게 파악하기는 어렵지만, 라마단은 원나라에서 상당한 배경을 가지고 있었던 고려 명문가 출신으로 추측되고 있어요. 라마단이 원나라에서 다루가치로 활동하던 중 자연스럽게 이슬람교도와 접촉했거나 고려에서 활동했던 이슬람교도와 접촉해 이슬람교로 개종한 것으로 보고 있지요.

한편에서는 라마단을 고려에 정착해 살던 위구르 이슬람교도로 보는 시각도 있어요. 광저우는 당나라 때부터 이슬람 상인들이 중국으로 들어오는 바닷길의

관문이었어요. 그와 동시에 동서 무역이 이루어
지던 국제 무역항으로, 고려 상인들의 활동 무
대이기도 했지요. 당시 이슬람교도들이 활동했
던 광저우와 취안저우 등의 중국 항구 도시에는
고려인의 흔적이 많이 남아 있어요. 라마단의
무덤 역시 고려인의 흔적 중 하나이자 광저우를
중심으로 고려와 이슬람이 활발하게 문물을 교
류했다는 사실을 뒷받침하는 증거예요.

█ **라마단 묘비** 중국 광저우에서 발견된
고려인 이슬람교도 라마단의 묘비이다.

우리나라와 이슬람은 통일신라 이후로 꾸준히
문물을 교류해 왔어요. 고려 초기에는 이슬람의
수은, 몰약(방부제)과 고려의 황금, 비단을 교환했고, 고려 후기에는 보다 본격적
으로 교류를 확대했지요.

일반적으로 색목인이라 불렸던 서역 이슬람교도들은 원나라의 후광에 힘입어
고려로 들어올 수 있었어요. 실제로 원나라 사신이나 다루가치 중에도 적지 않
은 이슬람교도가 포함되어 있었다고 해요. 게다가 원나라의 공주들이 고려의 왕
과 결혼해 고려로 들어오면서 많은 이슬람교도를 대동하기도 했고요.

이슬람교도 중에는 상인은 물론, 민간인들도 다수 포함되어 있었어요. 이들은
여러 가지 이유로 고려와 왕래했는데, 일부는 고려로 귀화하기도 했지요. 덕수
장씨의 시조인 장순룡이나 경주 설씨의 시조인 설손 등은 고려 시대에 귀화한
대표적인 서역 이슬람교도랍니다.

4장

고려 문화의 발전

귀족을 중심으로 발전해 우아하고 세련된 특징을 지녔던 고려의 문화는 주변 국
가들과의 활발한 교류를 통해 폭을 넓히는 동시에 수준을 향상시켰어요. 특히
백성의 생활 전반에 영향을 끼친 불교 사상은 불교의 발달에 공헌한 의천, 지눌
등에 의해 크게 번성했어요. 대장경의 조판, 역사서의 편찬 그리고 고려청자 등
을 통해 고려 문화의 품격 있는 멋을 느껴 보도록 해요.

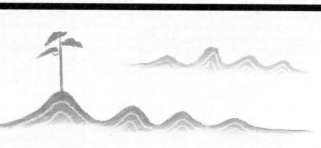

국제 무역항 벽란도와
활발한 교류

벽란도는 개경에서 30리쯤 떨어진 예성강 하류에 자리 잡은 고려의 국제 무역 항으로, 풍파와 물살이 세지 않은 천연의 항구예요. 이곳은 국제 무역항답게 늘 외국 사신과 상인들로 북적였지요.

고려의 무역은 크게 사신을 통한 공무역과 상인을 통한 사무역으로 나눌 수 있어요. 공무역은 외교 관계를 맺은 나라와 조공·답례의 형식을 바탕으로 각기 필요한 물품들을 주고받으며 자연스럽게 이루어지는 무역이었어요. 반면 사무역 은 상인들의 상업적 목적에 의해 성립되는 무역으로, 신라 말기 때부터 고려 초 기에 이르기까지 활발하게 전개되었지요.

고려는 송나라와 가장 활발히 무역했는데 송나라의 비단과 물감, 도자기, 약 재, 서적 등을 주로 수입했어요. 수입품 중 가장 큰 비중을 차지했던 서적에는 대장경과 같은 불경을 비롯해 역사서와 제자백가서, 음양서, 법률서, 의학서 등 당시 송나라에서 유행하던 다양한 종류의 서적들이 포함되어 있었지요. 송나라 의 서적들은 개경의 관영 상점에서 판매되기도 했는데 주로 고려의 귀족층을 중심으로 두루 읽혔어요.

고려에서는 금은 세공품이나 나전칠기, 도자기, 옷감, 종이 등 다양한 품목을
송나라로 수출했어요. 송나라의 수도인 카이펑에서는 고려의 도자기와 종이, 먹
등이 명품으로 인정받으면서 많은 사람들이 탐을 냈다고 해요. 이 물건들은 송
나라의 중계 무역으로 멀리 다른 나라에까지 퍼졌는데 그곳에서도 많은 관심을
받았어요.

고려는 송나라에서 도자기를 수입하는 동시에 고려의 도자기도 송나라로 수
출했어요. 송나라에서 수입한 도자기는 고려청자의 제작
기술이 발전하는 데 크게 공헌했어요. 반대로 고려청자
는 송나라에서 큰 인기를 끌었지요. 1123년에 고려를 방
문했던 송나라의 사신인 서긍도 《선화봉사고려도경》에서
고려청자를 극찬했답니다.

> 고려 사람들은 도기 중에 푸른빛을 띠는 것을 비색
> (翡色)이라 한다.

당시 중국인들은 자신들의 청자를 신비스러운 빛깔
이라는 뜻의 비색(秘色)으로 불렀어요. 이와 달리 고려
인들은 고려청자를 비취빛이라는 뜻의 비색(翡色)이라
부르며 중국의 것과 구별했지요. 이처럼 고려인들은 고려
청자의 독특한 빛깔과 아름다움에 자부심과 애착을
지녔어요. 중국인들은 고려의 비색 청자를 동경의 대
상으로 삼고 칭송하곤 했어요. 중국 남송의 태평노인

▎**청자 참외 모양 병** 국보 제94호. 고려청
자 가운데 대표적인 작품으로 손꼽힌다.
국립중앙박물관에 소장되어 있다.

▌**청자 상감운학모란국화문 매병** 보물 제558호. 고려 시대의 청자상감매병으로, 리움미술관에 소장되어 있다.

▌**청자상감모란문표형병** 국보 제116호. 고려 시대의 청자로, 국립중앙박물관에 소장되어 있다.

이 쓴 것으로 전해지는 《수중금》에서는 "촉의 비단, 정요 백자, 절강 차, 고려 비색 청자 모두 천하의 제일인데, 다른 곳에서는 모방하고자 해도 도저히 할 수 없다."라며 고려청자를 천하의 명품에 포함시켰지요. 일찍이 중국의 비색 청자를 두고 당나라의 한 시인이 "늦가을의 바람과 이슬 속에 가마가 열리면, 천 봉우리의 푸른빛을 다 빼앗아 가네."라고 칭송했을 정도로 중국인들은 자신들의 비색 청자에 대해 상당한 자부심을 가지고 있었어요. 그런 중국인들이 고려의 비색 청자를 보고 완전히 마음을 빼앗긴 거예요. 중국의 청자를 능가하는 독특한 세련미와 아름다운 비색은 고려청자의 수준 높은 완성도와 어우러져 중국인들의 감탄을 자아내기에 충분했답니다.

12세기 중반을 전후해 고려인들은 상감(象嵌)이라는 공예 기법을 도자기에 적용해 우수한 상감 청자를 만들었어요. 상감 청자는 몸체에 선 또는 면으로 무늬를 새기고 문양 부위에 백토나 흑토를 넣고 메운 뒤 잘 다듬어 유약을 발라 구워서 만들어요. 주로 강진과 부안 일대에서 발달했지요. 그러나 고려 말에 몽골이 침략하면서 청자 문화는 쇠퇴하고 말았답니다.

한편 이슬람 상인들도 벽란도를 드나들며 고려의 상인들과 직접 무역을 했어요. 중국 광저우에서 고려 상인들과 처음 교류하기 시작한 이슬람 상인들은 점차 고려 상품에 관심을 가지게 되면서 멀리 바닷길을 이용해 동남아시아를 거쳐 고려로 들어왔어요.

이슬람 상인들은 수은이나 상아, 향료 등을 고려의 비단과 교환했어요. 이들은 개경에 머물면서 자유롭게 다른 물품도 구매하곤 했지요. 이슬람 상인 중 일부는 고려에 정착하기도 했어요. 이때 고려에 드나들던 이슬람 상인에 의해 우리나라는 서방 세계에 '코리아(Corea)'라는 이름으로 알려졌답니다.

고려의 대외 교류는 고려 후기의 원나라 간섭기에도 활발하게 이루어졌어요. 세계 대제국을 건설한 몽골족에 의해 동서의 문화가 폭넓게 교류하면서 고려는 원나라를 넘어 서역과도 교류를 확대했지요. 고려는 이 과정에서 자연스럽게 외래 문화를 받아들여 문화의 폭을 넓히고 수준을 향상시킬 수 있었답니다.

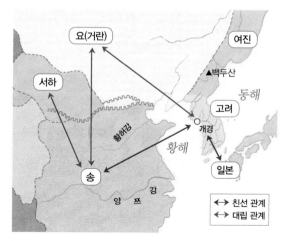

▌고려 전기의 대외 관계

역사서의 편찬과
인쇄술의 발달

　12세기에 고려는 송나라와 활발하게 교류하며 선진 문물을 받아들였어요. 당시 고려의 왕이었던 인종은 중국과 우리나라의 역사서를 관심 있게 읽던 중 역사서 편찬에 관심을 가졌어요. 이해하기 쉽고 체계적이면서도 고려의 통치 철학이 담긴 역사서를 만들어야겠다고 생각한 인종은 김부식을 불렀어요. 그러고는 지난날의 역사서는 부족한 점이 많으니 중국의 것에 버금가는 훌륭한 역사서를 만들라고 명했지요. 인종은 젊고 재주 있는 인재를 사관으로 임명하고 물심양면으로 도우며 역사서 편찬이 순조롭게 이루어지도록 했어요. 그리고 1145년에 드디어 역사서가 완성되었답니다.

　이때 만들어진 역사서는 삼국의 역사를 기전체로 엮어 50권 분량으로 만든 것으로, 이름은 《삼국사기》예요. 기전체는 왕조의 사건을 담은 본기와 각 왕의 연대표를 적은 표, 제도 및 지리 등의 사항을 따로 모은 지 그리고 인물의 행적을 적은 열전 등으로 나누어 역사를 서술하는 방법이에요. 중국 한나라 때 사마천이 《사기》를 기전체로 엮은 이래 중국과 우리나라 역대 왕조에서 역사서 서술의 기본 형식으로 삼았지요. 기전체 이외에 연대순으로 역사를 기록하는 편년체도 있는데 조선 시대 때 지어진 《조선왕조실록》이 이 방법으로 구성되었어요.

《삼국사기》는 유교적 관점을 바탕으로 역사를 기술하고 있어요. 김부식과 함께 이 책을 지은 사람들이 모두 유학자였기 때문이지요. 유학자들은 공자의 가르침을 충실히 따르고자 했어요. 김부식도 마찬가지였지요. 그런 이유로 《삼국사기》에서는 임금의 인덕과 신하의 충성, 자식의 효도, 여자의 정절 등을 실천 도덕으로써 강조하고 비현실적인 내용 대신 현실성 있는 사실을 싣고자 노력했어요. 《삼국사기》에서는 삼국의 건국 설화를 빼거나, 간략하게 기술했어요. 단군 신화나 삼국 이전의 역사도 완전히 뺐지요. 불교의 수용이나 불교와 관련된 국가 정책 등은 거의 다루지 않으면서도 승려들의 비행에 관한 내용은 여러 차례 기록하는 한편, 화랑의 활동 역시 거의 다루지 않았어요.

《삼국사기》에서는 신라를 삼국의 중심으로 삼았어요. 삼국의 역사를 다룰 때에는 신라를 맨 앞자리에 놓았고, 연표에서도 신라의 연대를 가장 빠르게 잡았지요. 삼국 모두를 우리 민족이 세운 국가로 보면서도 신라가 맨 처음 건국되었다는 점을 강조했어요.

삼국사기를 쓸 때 신라의 역사 자료는 충분한 반면 상대적으로 고구려와 백제

▮《삼국사기》 1145년 경, 김부식 등이 고려 인종의 명을 받아 편찬한 삼국 시대의 역사책이다.

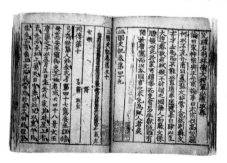

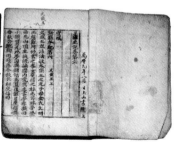

의 역사 자료는 빈약하다 보니 신라의 역사는 자세하게 다룬 반면, 고구려와 백제의 역사는 신라보다 훨씬 간략하게 다루었어요. 이는 신라가 삼국을 통일했기 때문이기도 했지만 김부식이 경주 김씨의 후손인 이유도 있었어요. 더불어 고구려 계승 의식을 토대로 형성된 고려의 자주적인 의식이 고려 중기에 접어들면서 약화된 탓도 있었고요.

> 동명왕의 일은 변화의 신기롭고 이상한 것으로 여러 사람의 눈을 현혹한 것이 아니고 실제 나라를 창시한 신기한 사적이니 이것을 기술하지 않으면 뒷사람들은 앞으로 어떻게 볼 것인가? 그러므로 시를 지어 기록해 우리나라가 본래 성인의 나라라는 것을 천하에 알리고자 하는 것이다.
>
> —《동국이상국집》

이규보는 대서사시인 〈동명왕편〉을 통해 《삼국사기》가 고구려 시조인 동명왕의 건국 설화를 소홀하게 다룬 점을 지적했어요. 《동명이상국집》에 실려 있는 〈동명왕편〉은 동명왕 탄생 이전의 이야기와 동명왕의 출생 및 성장 그리고 시련과 투쟁의 과정을 순서대로 담아 고구려의 건국 과정을 그렸어요. 그리고 마지막에 유리왕의 즉위 과정을 상세한 주석과 함께 노래했지요. 《삼국사기》에 자주성이 강조되지 않은 점을 안타깝게 여긴 이규보가 〈동명왕편〉을 통해 고구려의 자주적 민족 정신을 강조하려 한 거예요.

한편 1285년에 승려 일연은 《삼국유사》를 지어 세상에 내놓았어요. 충렬왕이 *국존으로 받들며 인정했던 일연은 불교계에 새로운 바람을 일으키기 위해 노

국존 원 간섭기에 국사(승려 중 최고지도자)를 격하시킨 호칭.

력했어요. 몽골의 침략과 원나라의 지배로 고통
받던 백성에게 삶의 희망을 주는 한편, 민족의
식을 고취시키고 싶어했지요. 그 방안으로 전국
을 떠돌며 보고 겪은 이야기를 책으로 엮었어요.
《삼국사기》에 나라의 뿌리와 불교 설화, 민속,
전통 신앙 등이 누락된 점을 늘 아쉽게 여겼던
일연은 《삼국유사》의 기이편 맨 앞에, 중국 역대
창업주의 신비로운 이야기를 간략하게 적은 뒤
"그러니 삼국의 시조가 모두 *신이를 드러낸 것
이 어찌 괴이한가? 기이를 여러 편의 앞에 둔 뜻
이 여기에 있다."라고 적어 《삼국사기》에서 건국
설화가 빠진 것에 대한 강한 불만을 드러냈지요.

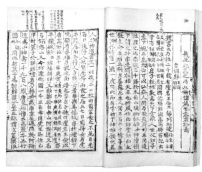

▌《삼국유사》 고려 충렬왕 때 일연이 신라, 고구려,
백제, 삼국의 역사를 모아서 지은 책이다.

　아홉 편으로 이루어져 있는 《삼국유사》는 왕
력을 가장 앞에 두고 가락국과 후삼국을 나란
히 기재했어요. 그 다음 기이편에 고조선의 단
군 신화와 위만 조선, 마한, 낙랑, 발해, 가야,
부여 그리고 삼국의 건국 설화, 임금, 백성의 설화 등을 모아 수록했지요. 그리
고 그 뒤 다섯 편에 불교의 수용에 관련된 내용과 탑이나 불상에 얽힌 설화, 승
려들의 초월적인 힘, 신비스러운 신앙 체험 등 민중 신앙 또는 민속과 관련된 이
야기들을 실었어요. 그리고 나머지 두 편에서는 속세를 떠난 인물과 효자, 미담
등을 다루었지요.

신이 신기하고도 기이함.

《삼국유사》는 비록 편을 나누기는 했지만 이야기를 단순하게 나열한 수준이라 《삼국사기》처럼 체계적이지 않아요. 하지만 《삼국사기》에서 빠졌거나 소홀하게 다루어진 우리의 역사를 담아내 고대인의 의식과 사회 모습을 탐구할 수 있게 했다는 점에서 귀중한 사료로 평가받고 있답니다.

고려 시대에는 인쇄술도 매우 발달했어요. 그중에서도 금속 활자 인쇄술은 세계 최고 수준이었지요. 인쇄술은 사람이 일일이 손으로 써서 만들던 책을 기계적인 방법을 이용해 대량으로 만들게 한 편리하고도 혁신적인 기술이에요.

초기의 인쇄술은 목판을 만들어 인쇄하는 방법에서 시작되었어요. 고려 대장경도 이 목판 인쇄 기술로 찍어 낸 것이지요. 그러나 목판 인쇄는 여러 종류의 책을 소량으로 인쇄하는 경우, 품이 많이 들어 불편했어요. 그래서 이를 개선하고자 노력하면서 활자 인쇄가 고안되었지요.

활자 인쇄가 등장하면서부터는 보다 능률적으로 인쇄 작업을 할 수 있게 되었어요. 왜냐하면 활자 인쇄는 한 번만 활자를 만들어 놓으면 필요할 때마다 수시로 판을 짜서 책을 찍어 낼 수 있었거든요. 활자 인쇄 초기에는 나무를 이용해 활자를 만들었어요. 하지만 고려에는 목활자를 만드는 데 필요한 단단한 나무가 많지 않았어요. 금속 활자를 이용한 인쇄술이 절실히 필요한 상황이었지요.

비록 오늘날까지 전해지지는 않지만 1234년에 만들어진 《상정고금예문》은 최초의 금속 활자본이에요. 이것은 이규보가 쓴 《상정고금예문》의 발문에 적혀 있는 '주자(鑄字)를 이용해 인쇄했다.'라는 내용을 토대로 밝혀진 것이에요. 하지만 최근 이에 대해 반론을 제기한 학자도 있어요. 그는 '주자'를 반드시 금속 활자라고 보기 어렵고 당시에는 몽골과 전쟁 중이었기 때문에 금속 활자를 만들 만큼 충분한 양의 구리를 구하는 것이 불가능했을 것이라고 주장해요. 그렇다면 지금

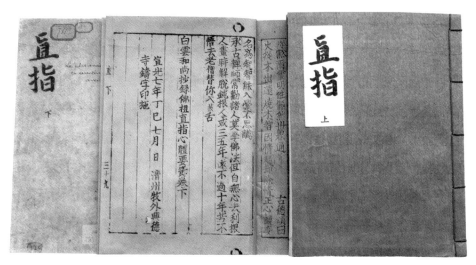

▌**《직지심체요절》** 금속 활자로 인쇄된 세계에서 가장 오래된 책이다.

까지 전해지면서도 논란의 여지 없이 세계 최초의 금속 활자본으로 인정받는 책은 무엇일까요?

바로 《직지심체요절》이에요. 일찍이 프랑스로 유학해 13년 동안 프랑스 국립 도서관에서 근무했던 박병선 박사는 서고에서 《직지심체요절》과 외규장각 도서 수백 권을 찾아냈어요. 그 후 박 박사가 1972년에 유럽 동양학회 100주년 기념 '책' 전시회에 《직지심체요절》을 출품하면서 현존하는 세계 최초의 금속 활자본으로 인정받게 되었지요. 이어 2001년에 유네스코 세계 기록 유산으로 등재된 《직지심체요절》은 안타깝게도 아직 프랑스 국립도서관에 보관되어 있답니다.

팔만대장경의
탄생

1995년에 유네스코는 대장경이 보관되어 있는 해인사의 장경판전을 세계 유산으로 지정하고 문화재적 가치를 인정했어요. 이처럼 세계가 인정하는 대장경은 과연 무엇이고, 그것의 가치는 얼만큼일까요?

대장경은 불교와 관련된 모든 서적을 일컫는 말로, 부처의 말씀인 경과 불교의 계율인 율 그리고 고승들이 논증해 설파한 논을 모두 포함하고 있어요. 예로부터 불교를 숭상하는 국가에서는 대장경을 새겨 보관하면 부처의 보호를 받아 나라의 안녕을 기약할 수 있다고 믿었어요. 때문에 대장경을 만드는 사업은 국가적 차원에서 장려되곤 했지요.

11세기 초에 고려는 거란의 침입으로 왕이 수도를 떠나 피신하는 긴박한 처지에 놓였어요. 당시 왕이었던 현종과 신하들은 1011년부터 나라를 보호하려는 염원을 담아 대장경을 새기기 시작했어요. 그로부터 76년의 세월이 흘러 1087년에 대장경은 완성되었어요. 처음 새긴 대장경이라고 해서 초조대장경이라 불린 이 대장경은 고려의 목판 인쇄 기술이 집약된 걸작이었답니다.

그 뒤 대각 국사 의천이 초조대장경에 누락된 책들을 수집해 이를 보완하는 작업을 했어요. 의천은 고려는 물론, 송나라와 요나라, 일본 등에서 책을 수집하고 분류해 《신편제종교장총록》을 만들었어요. 의천은 초조대장경이 만들어진 흥왕사에 교장도감을 설치하고 10여 년에 걸쳐 작업을 진행했어요. 흔히 교장이라 불리는 이 대장경은 이후 초조대장경과 함께 대구 부인사로 옮겨져 보관되었어요. 그러던 중 1232년에 몽골의 2차 침입이 일어났어요. 몽골군은 부인사에 들이닥쳐 대장경이 보관된 곳에 불을 질렀고, 대장경은 한순간에 재로 변하고 말았답니다.

당시 강화도에 머물고 있던 최씨 무신 정권은 민심을 수습하고 부처의 은덕으로 몽골의 침입을 막기 위해 대장경을 만들고자 했어요. 이에 1236년부터 대장경 제작이라는 거창한 국가사업이 다시 시작되었지요. 이 사업은 강화도에 설치된 대장도감에서 총지휘를 하고 남해에 설치된 분사도감이 돕는 방식으로 이루

▌**팔만대장경** 국보 제32호. 합천 해인사 장경판전에 보관되어 있다.

어졌어요. 전국의 목수와 각수들이 도감이 설치된 두 지역으로 몰려들었어요. 나무를 베어 싣고 올 일꾼과 뱃사공, 글씨를 쓸 사람, 교정을 맡아볼 승려들도 동원되었지요.

대장경은 뛰어난 기술을 바탕으로 온갖 정성을 들여야 하는 고난도 작업이었어요. 우선 남해 일대에서 판목에 쓸 돌배나무나 산벚나무 등을 베어 와서 적당한 크기로 자른 뒤, 바닷물에 담가 두었다가 꺼내요. 이때 나무는 몇 년 동안 그늘에서 말려야 해요. 그래야만 오랜 시간이 지나도 판목이 뒤틀리거나 썩지 않고 벌레와 곰팡이가 생기지 않기 때문이에요. 판목을 만들고 나면 대패질을 해경판을 만들고, 다시 경판에 새길 판본을 만들어요. 질 좋은 종이로 만든 판본에 글씨를 쓴 다음 경판에 대고 새기는 작업을 하지요. 경판에 글씨를 다 새기고 나면 경판 표면에 여러 차례 진하게 먹을 바르고 그 위에 옻칠을 해서 말려요. 다 마른 경판의 네 모퉁이를 구리판으로 감싸 뒤틀리지 않게 마무리하면 끝이 나지요.

이때 만들어진 대장경은 16년이 걸려 완성되었는데, 다시 만들었다고 해서 재조대장경이라고 해요. 경판이 8만여 장이어서 팔만대장경이라고도 부르고요.

그런데 강화도의 선원사에서 만들어진 경판들이 어떻게 합천의 해인사로 이동하게 된 것일까요? 《조선왕조실록》에 따르면 조선 건국 초기에 태조가 팔만대장경을 보관할 새 장소를 물색해 경상도 합천의 해인사로 옮기기로 결정했다고 해요. 그 뒤 해인사에서 장경판전을 지어 팔만대장경을 보관해 왔지요.

과학적으로 설계된 장경판전은 습도와 온도의 조절 기능이 완벽하다고 해요. 그래서 500여 년이 지난 오늘날까지도 장경판전에 보관된 팔만대장경 대부분이 온전하게 남아 있을 수 있었고요. 이런 이유로 장경판전은 자연환경을 최대한 이용한 보존 과학의 소산물로 높이 평가되어 대장경판과 함께 세계 유산으로 지정되었답니다.

불교 사상의 발달

삼국 시대 때 우리나라에 처음 전래된 불교는 고려 시대에 들어 국가의 장려를 받으며 크게 발달했어요. 고려를 건국한 태조는 부처의 은덕으로 후삼국을 통일하고 고려를 세울 수 있었다며 불교를 치켜세웠지요. 태조는 불교를 보호하는 한편, 많은 사원과 탑을 건립하고 승려들을 극진히 대접했어요. 훗날 후손들에게 남긴 훈요 10조에도 불교를 널리 숭배하라는 글을 남길 정도로 태조는 불교를 각별하게 생각했어요.

태조 이후에도 고려 정부는 계속해서 불교를 장려했어요. 과거 시험에 승과를 개설하고 합격한 승려에게는 법계를 내려 우대했지요. 또 뛰어난 승려들을 국사와 왕사로 선발해 왕실의 고문 역할을 담당하게 했어요. 당시에는 아무나 승려가 될 수 없었어요. 고려 사회는 신분 간의 차별이 엄격했기 때문에 양인 아래의 신분인 천민이나 노비는 승려가 될 수 없었거든요. 그러다 보니 승려 중에는 귀족이나 지배층 출신이 많았어요.

불교가 크게 번성하면서 불상이나 불화 등과 같은 불교 예술도 발달하기 시작했어요. 고려 시대의 불상은 그 형태가 매우 다양했는데 고려 초기에 유행한 철불은 사원을 후원하던 호족에 의해 만들어지는 경우가 많았기 때문에 지역적인 특성이 반영되었어요. 한편 논산 관촉사 석조 미륵보살 입상처럼 인체 비율이 불균형한 거대 석불도 나타났어요. 영주의 부석사 소조 아미타 여래 좌상은 신라 시대의 불상 양식에 따라 만들어졌고요.

고려 후기에는 불화가 크게 유행했어요. 극락왕생을 기원하는 아미타불도와 지장보살도, 관음보살도가 많이 그려졌어요. 불화는 보통 최고의 기량을 지닌 화가가 왕실이나 귀족의 지원을 받아 그렸기 때문에 예술성이 뛰어난 작품들이 많았어요. 주로 은은한 갈색 배경에 녹색과 붉은색으로 대상을 그린 후 순금으로 윤곽선을 덧그렸는데, 화려하고 환상적인 분위기를 풍겼어요. 고려 불화는 중국이나 일본의 불화와 달리 금을 풍부하게 사용했어요. 현재까지 남아 있는 고려 불화는 주로 고려 후기에 그려진 것들로, 혜허의 〈양류관음도〉처럼 상당수가 일본에 보관되어 있답니다.

한편 신라 때부터 고려 중기까지 발달했던 교종과 신라 말기에 형성된 선종이

■ 철조 석가 여래 좌상

■ 관촉사 석조 미륵보살 입상

■ 부석사 소조 아미타 여래 좌상

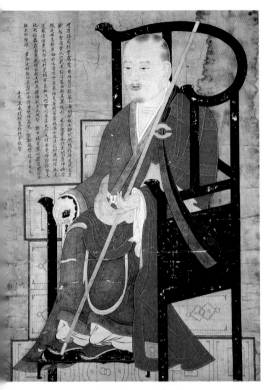

■ **대각 국사 의천(1055~1101)** 고려의 제11대 왕인 문종의 넷째 아들로, 11세가 되던 해에 왕의 권유로 출가해 승려가 되었다.

사상적으로 대립하면서 불교 교단이 난립하기 시작했어요. 이 과정에서 다양한 종파가 생겨나 분열과 대립을 계속했지요. 이때 광종은 과감히 불교계의 개혁을 추진했어요. 당시의 불교계를 교종과 선종으로 양립시키고 교종은 화엄종을 중심으로, 선종은 중국에서 새로 도입한 법안종을 이용해 정리하려 했어요. 광종의 이러한 노력은 불교계의 대립을 본격적으로 극복하려 한 최초의 시도였지만 광종이 죽은 뒤에는 더 이상의 진전을 이루지 못했답니다.

현종 이후 교종 계통의 법상종이 새롭게 대두되어 화엄종과 함께 불교계의 주류를 이루었어요. 이 두 종파는 각기 왕실과 귀족 세력에 연결되어 100여 년간 대립을 계속했지요. 이러한 상황에서 등장한 인물이 바로 의천이에요.

의천은 고려의 제11대 왕인 문종의 넷째 아들로, 11세가 되던 해에 왕의 권유로 출가해 승려가 되었어요. 의천은 불교계의 분열을 극복하고 통합을 이루기 위해 노력했어요. 화엄종의 입장에서 법상종을 끌어들여 교종을 정리하고 더 나아가 교종에 선종을 통합하려 했지만, 막강한 문벌 귀족 가문이었던 인주 이씨와 연결된 법상종 교단의 공격을 받아 지방으로 밀려나고 말았지요. 하지만 의천은 숙종의 후원으로 국청사라는 절을 세우고 그곳의 주지가 되어 천태종을 창립했어요. 의천은 천태종을 뒷받침할 사상으로 이론과 실천을 모두 강조하는 교관겸수를 주장했어요. 여기서 교는 교리와 형식을, 관은 참선과 수양을 의미하며 겸수는 교와 관을 모두 수양해야 함을 뜻해요. 교와 관은 각각 교종과 선종에서 중시하는 것으로, 이를 통해 의천은 교종과 선종을 통합하고자 했어요.

불교는 국가와 지배층의 전폭적인 지원에 더욱 발전하지만, 한편으로는 점차 타락하기 시작했어요. 당시 대부분의 불교 사원은 국가로부터 받은 사원전과 신자들로부터 시주받은 토지 등 많은 땅을 소유하고 있었어요. 사원에서는 세금이 면제되는 사원전을 통해 얻은 수확물을 쌀, 베 등으로 바꿔 고리대를 운영했어요. 그리고 수공업을 하는 사원소를 두고 장사를 하기도 했지요. 다양한 방법으로 부를 쌓은 사원은 승병을 두어 자신들의 재산을 지키게 했어요. 승병은 사원과 연결된 귀족들의 군사적 배경이 되기도 했답니다.

사원은 이렇게 축적한 부를 대장경 간행과 빈민 구제, 의료 사업 등에 사용하기도 했지만 고리대를 운영하거나 노비의 수를 늘리는 일 등에도 사용했어요. 결국 사원으로 인해 국가의 경제 기반은 약화되었고 농민들의 생활 또한 어려워졌어요.

무신 정권이 들어서고 사회 변동기를 거치면서 불교계에서는 새로운 종교 운동이 일어났어요. 무신들이 정권을 장악하며 문벌 귀족이 몰락하자 문벌 귀족과 결탁해 불교계를 장악했던 교종 세력이 큰 위기를 맞게 되었어요.

▌**통도사의 장생표** 장생표는 사찰의 경계를 나타내는 표지물인데 통도사는 12개의 장생표를 세울 만큼 넓은 토지를 소유했다.

이에 교종 세력은 문신들과 결탁해 무신 정권에 대항하기 시작했지요.

1174년에 귀법사 승려 100여 명이 반란을 일으켰어요. 이의방이 열 배에 가까운 군사를 동원해 승려들의 반란을 진압하며 사건은 일단락되는 것 같았지요. 그러나 이에 격분한 중광사, 홍호사 등의 승려 2000여 명이 개성의 성문 앞에 집결했어요. 이의방은 이 승려들이 속한 사원을 습격해 수많은 승려들을 죽이고 교종 승려들의 저항을 진압했지요. 이를 '개경 승도의 난'이라고 해요.

교종 세력은 최씨 무신 정권의 강화도 천도 이후 더욱 위축되었어요. 대부분 교종 계통이었던 개경의 사원들이 몰락하고 지방의 사원들이 새롭게 부상하는 과정에서 선종이 성장했거든요. 경전을 통한 복잡한 이론 공부를 배격하고 참선을 강조했던 선종은 무신들에게 친근감을 주었고, 이를 바탕으로 무신 정권기에 크게 발전할 수 있었어요.

▌ **보조 국사 지눌(1158~1210)** 고려 중기의 승려로, 부패한 불교의 개혁을 추진했다.

지금의 불교계를 보면, 아침저녁으로 하는 일들이 비록 부처의 법에 의지했다고는 하나, 자신을 내세우고 이익을 구하는 데 열중해 세속의 일에 골몰한다. 도덕을 닦지 않고 옷과 밥만 허비하니, 비록 출가했다고 하나 무슨 덕이 있겠는가?

－《보조 국사 법어》

이때 무신 정권의 후원을 받으며 불교의 개혁 운동을 추진한 인물이 바로 지눌이에요.

보조 국사 지눌은 부패한 불교에서 탈피해 승려의 본분으로 돌아가자는 결사운동을 벌였는데, 여기서 결사란 뜻을 같이하는 사람들이 신앙을 닦기 위해 맺은 단체를 의미해요.

지눌은 전라남도 순천에 혁신적인 불교 신앙 단체인 수선사를 만들고 새로운 불교 수행법을 널리 확산시켰어요.

한마음(一心)을 깨닫지 못하고 한없는 번뇌를 일으키는 것이 중생인데, 부처는 이 한마음을 깨달았다. 깨닫고 아니 깨달음은 오직 한마음에 달려 있는 것이니, 이 마음을 떠나서 따로 부처를 찾을 곳은 없다.

– 《정혜결사문》

지눌은 *선정의 상태인 '정'과 사물의 본질을 파악하는 지혜인 '혜'를 함께 닦아야 한다는 정혜쌍수를 바탕으로 불교계의 사상적인 통합을 주장했어요. 더불어 마음이 곧 부처임을 깨달은 후에 점차적으로 수행해야 온전한 경지에 이를 수 있다는 돈오점수를 내세웠지요. 지눌의 노력으로 이후 불교계에는 조계종이 성립되어 선종을 중심으로 한 선·교 융합이 이루어졌답니다.

지눌은 최고의 선(禪) 수행 방법으로 간화선을 삼았어요. 간화선이란 고요히 앉아 좌선하는 기존의 선 수행법과 달리 특정한 *화두에 모든 의식을 집중시켜 극적인 깨달음의 체험을 얻도록 하는 수행법이에요. 이 수행법은 혜심, 일연, 보우 등으로 이어지며 우리나라의 전통적인 선 수행법으로 자리 잡게 되었지요.

선정(禪定) 산란한 마음이 한 곳으로 집중해 정신적 통일을 이룸
화두(話頭) 불교에서 참선 수행자가 깨달음을 얻기 위해 참선해 진리를 찾는 문제

비슷한 시기에 전라도 강진에서도 혁신 운동이 일어났어요. 원묘 국사 요세를 중심으로 백련사가 만들어졌지요. 개경의 천태종 사찰에서 열린 법회에 참석했다가 크게 실망한 요세는 지눌과 함께 선을 닦기도 했으나 지눌과 결별한 이후 법화 사상에 의한 수행을 계속했어요. 그리고 마침내 백련사 결사를 조직했지요. 법화 사상은 대승 불교의 대표적인 경전인 《법화경》을 근본으로 삼아 발전했는데, 자신의 행동을 진정으로 참회함으로써 구원을 얻는다고 믿는 사상이에요. 이처럼 백련사도 수선사와 같이 고려 후기의 대표적인 신앙 결사로서 불교계의 혁신과 민중 교화에 힘을 기울였답니다.

이러한 노력에도 불구하고 고려 말 원나라의 간섭이 심해지면서 불교계는 점차 개혁의 의지를 잃고 지배 세력과 결탁해 타락했어요. 이 무렵 원나라로부터 티베트 불교라고 불리는 라마 불교가 들어와 지배층 사이에서 유행했는데 라마 불교는 주술적 성격이 강하고 의식을 중시해 불교 행사를 많이 거행했어요. 라

▎**백련사** 대한불교 조계종의 절로, 전라남도 강진에 위치해 있다.

마 불교에 심취한 고려 왕실과 권문세족들이 사치스러운 불교 행사를 계속 벌이면서 국가의 재정은 날로 궁핍해졌어요. 이에 승려 보우는 교단을 통합하고 정리하는 것만이 불교계의 부패와 폐단을 바로잡는 길이라고 외치며 개혁 운동에 나섰지요.

보우는 16년을 왕사로, 또 12년을 국사로 일하며 고려의 국정에 관련된 여러 문제에 관한 자문을 맡았어요. 공민왕 때에는 남경 천도를 주장하는 한편, 신돈을 요사스러운 승려라고 비판하면서 신돈에게 정사를 맡기지 말라고 요청했지요. 그러나 공민왕은 오히려 보우를 속리산으로 유배 보내고 신돈을 옹호했어요. 후에 신돈을 제거한 공민왕이 보우를 찾아가 예를 갖추고 국사로 맞아들이면서 보우는 다시 왕을 도와 국정 쇄신에 힘을 기울였어요. 하지만 공민왕의 죽음과 불교계의 반발로 인해 보우의 노력은 큰 결실을 거두지 못했어요.

불교계가 계속 타락하자 성리학을 수용한 신진 사대부가 불교계의 폐단을 지적하기 시작했어요. 이들은 심지어 불교를 이단으로 몰기도 했지요. 신진 사대부가 권력을 장악해 조선을 건국하고 성리학을 통치 이념으로 삼으면서 불교는 결국 사상계의 중심에서 완전히 밀려나고 말았답니다.

고려를 싫어한 소동파와
그를 짝사랑한 고려

1093년에 송나라의 대문장가였던 소동파는 송나라 황제에게 고려와의 교류를 비난하는 내용의 상소문을 올렸어요. 소동파는 고려와 송나라의 사신이 왕래함으로써 송나라가 막대한 피해를 입고 있다고 주장하며 무려 일곱 차례에 걸쳐 상소문을 올렸어요.

소동파는 고려의 사신 일행이 송나라에 한 번 올 때마다 송나라 정부가 부담하는 접대비가 엄청나다고 지적했어요. 뿐만 아니라 고려 사신을 접대하기 위한 숙박 시설의 수리비나 사신이 송나라에서 쓰는 잡비 등을 합하면 그 비용이 어마어마하다고 주장했지요. 송나라의 지출에 비해 고려 사신이 가져온 선물들은 별 이득도 없고 오히려 여러 가지 해가 있을 뿐이라며 고려와의 교류를 중지할 것을 건의했어요.

게다가 소동파는 고려가 송나라에서 받은 답례품을 거란에 넘기고 송나라 산천의 지형에 관한 정보를 거란에 제공한다며 고려를 거란의 앞잡이로 폄훼했어요. 고려가 송나라에 조공하는 것도 결국 거란을 위한 것이라고 했지요.

하지만 소동파의 주장은 사실과 달랐어요. 고려의 사절단이 송나라에 선물한 물품들을 살펴보면 금기(金器), 말, 종이와 먹, 인삼, 유황, 향유 등 진귀한 물건이 많았거든요. 게다가 그 양도 엄청났고요. 송나라의 관료인 증공이 고려 사절단이 바치는 조공품이 막대해 고려의 재정에 부담이 될 것이므로 사양해야 한다고 말할 정도였어요.

결국 소동파의 상소는 당시 집권 세력의 친고려 정책을 부정하고, 평소 고려를 오랑캐라 여기며 과소평가했던 자신의 주장을 합리화하기 위한 것이었어요.

그럼에도 불구하고 고려에서는 소동파를 흠모하며 그의 시와 글을 칭송했어요. 고려 중기의 학자인 김근은 소동파의 본래 이름인 소식과, 그의 동생인 소철의 이름을 따서 자신의 셋째, 넷째 아들의 이름을 개명하기까지 했는데 그 아들들이 바로 고려의 대표적인 문인이었던 김부식과 김부철이랍니다. 고려 후기의 대학자인 이색도 "큰 소나무 그늘 속에서 동파의 시를 읽었더니 머문 물 같은 고담은 마치 황하를 터

소동파 중국 북송 때의 시인이자 예술가, 정치가였다.

뜨린 듯했다."라고 말하며 소동파를 극찬했어요. 고려를 오랑캐라고 폄훼했음에도 불구하고 고려의 문인들이 이처럼 소동파를 칭송했던 것을 보면 과연 짝사랑이라 부를 만하지요?

170

3권

1400

1500

1600

조

선

시

대

대한
제국

1902	서울·인천 간 장거리 전화를 개통하다
1903	YMCA가 발족되다
1904	한·일 의정서를 맺다
1905	경부선을 개통하다
	을사늑약을 체결하다
	천도교가 성립되다
1907	국채 보상 운동이 일어나다. 헤이그 특사를 파견하다
	고종 황제가 퇴위하다. 신민회를 설립하다
1909	안중근, 이토 히로부미를 죽이다
1910	주권을 빼앗기다

대한제국

5권

1912	토지 조사령을 공포하다
1914	대한 광복군 정부가 수립되다
1916	박중빈이 원불교를 창시하다
1919	3·1 운동이 일어나다
	대한민국 임시 정부가 수립되다
1920	김좌진이 청산리 대첩에서 크게 승리하다
	〈조선일보〉〈동아일보〉가 창간되다
1922	어린이날을 제정하다
1926	6·10 만세 운동이 일어나다
1927	신간회를 조직하다
1929	광주 학생 항일 운동이 일어나다
1932	이봉창, 윤봉길이 의거하다
1933	한글 맞춤법 통일안을 제정하다
1934	진단 학회를 조직하다
1936	손기정, 베를린 올림픽에서 마라톤 우승하다
1938	한글 교육이 금지되다
1940	민족 말살 정책을 강화하다. 한국광복군이 결성되다
1942	조선어 학회 사건이 일어나다

일제강점기

6권

1945	8월 15일에 나라가 해방되다
1947	유엔 한국 임시 위원단을 구성하다
1948	5·10 총선거가 실시되다
	대한민국 정부가 수립되다
1950	6·25 전쟁이 일어나다
1953	휴전 협정이 이루어지다
	제1차 통화 개혁을 실시하다
1957	우리말 큰사전이 완간되다
1960	4·19 혁명이 일어나다
	장면 내각이 성립되다
1961	5·16 군사 정변이 일어나다
1962	제1차 경제 개발 5개년 계획을 실시하다(~1966)

대한민국

1963	박정희 정부가 성립되다
1965	한·일 협정을 조인하다
1966	한·미 행정 협정을 조인하다
1967	제2차 경제 개발 5개년 계획을 실시하다(~1971)
1968	1·21 사태가 일어나다
1970	새마을 운동이 시작되다. 경부 고속 국도를 개통하다
1972	제3차 경제 개발 5개년 계획을 실시하다(~1976)
	7·4 남북 공동 성명을 발표하다. 남북 적십자 회담을 개최하다
	10월 유신이 일어나다
1973	6·23 평화 통일을 선언하다
1974	북한 땅굴을 발견하다
1976	판문점 도끼 만행 사건이 일어나다
1977	제4차 경제 개발 5개년 계획을 실시하다(~1981)
1978	자연 보호 헌장을 선포하다
1979	10·26 사태가 일어나다
1980	5·18 민주화 운동이 일어나다
1981	전두환 정부가 출범하다
1983	KAL기 피격 참사, 아웅산 사건이 일어나다
	KBS, 이산가족 찾기 TV 생방송을 하다
1985	남북 고향 방문단의 상호 교류가 이루어지다
1986	서울 아시아 경기 대회를 개최하다
1987	6월 민주 항쟁이 일어나다
1988	한글 맞춤법이 고시되다. 노태우 정부가 출범하다
	제24회 서울 올림픽 대회를 개최하다
1989	동구권 국가와 수교하다
1990	소련과 국교를 수립하다
1991	남북한이 유엔에 동시 가입하다
1992	중국과 국교를 수립하다
1993	김영삼 정부가 출범하다
1994	북한, 김일성이 사망하다
	정부 조직을 개편하다
1995	지방 자치제를 실시하다
	한국, 유엔 안보리 비상임 이사국에 뽑히다
1996	경제 협력 개발 기구(OECD)에 가입하다
1998	김대중 정부가 출범하다

대

한

민

국

-- 2000

2000	남북 정상 회담, 6·15 남북 공동 선언을 하다
	아시아·유럽 정상 회의(ASEM)를 개최하다
2002	한·일 월드컵 대회를 개최하다
	제14회 부산 아시아 경기 대회를 개최하다
2003	노무현 정부가 출범하다
2005	아시아·태평양 경제 협력체(APEC) 정상 회의를 개최하다
2006	수출 3000억 달러를 돌파하다
2007	반기문, 유엔 사무총장에 취임하다
	제2차 남북 정상 회담을 개최하다
2008	이명박 정부가 출범하다
2013	박근혜 정부가 출범하다

참고 문헌·사진 출처

참고 문헌

한국사(12~21권), 국사편찬위원회, 탐구당, 2003

이이화의 한국사이야기(6~8권), 이이화, 한길사, 2004

살아있는 한국사교과서1, 전국역사교사모임, 휴머니스트, 2002

청소년을 위한 한국사, 백유선 외2인, 두리,1999

고등학교 한국사, 한철호 외7인, 미래엔, 2013

고등학교 한국사, 주진오 외7인, 천재교육, 2013

원각국사집, 충지(진성규역), 지식을 만드는 지식, 2012

고려도경, 서긍, 서해문집, 2005

위그로 족 귀화인 설손의 작품 세계, 박현규, 순천향대 중어중문학(제20집), 2002

고려왕조실록, 박영규, 웅진닷컴, 2011

고려시대 사람들은 어떻게 살았을까?(1,2), 한국역사연구회, 청년사, 2005

비단길에서 만난 세계사, 정은주 외2인, 창비, 2005

석가모니와 불교의 발전, 조민숙, 주니어김영사, 2013

사료로 본 한국문화사(고려편), 이기백·민현구, 일지사, 2007

뿌리깊은 한국사 샘이깊은 이야기(3권), 이병희, 솔, 2002

한국생활사박물관8, 한국생활사박물관 편찬위원회, 사계절, 2003

고려사열전, 권순형, 타임기획, 2005

사료: 고려사, 고려사절요.

사진 출처

권태균 11p(견훤산성), 12p(궁예가 도성으로 삼은 궁터), 15p(금산사), 17p(태조 왕건의 청동상_국립중앙박물관), 21p(나주 완사천), 24p(고려 시대의 과거 합격증), 30p(서희와 소손령의 외교 담판 기록화), 39p(청경입비도), 41p(대화궁 터_조선고적도보), 52p(곤원사지), 54p(최충헌 묘지석_호암갤러리 대고려국보전), 67p(칭기즈 칸), 68p(몽골의 기마병), 72p(강화도 고려 궁지), 80p(쿠빌라이), 84p(용장산성), 86p(삼별초 문서, 항파두리성), 91p(동국이상국집), 96p(몽골 말), 99p(정동행성터), 101p(몽고습래회사), 103p(가쓰모토항), 106p(원나라의 복식), 116p(옥천사지), 119p(공민왕과 노국 공주), 123p(최영), 130p(이성계), 132p(이색), 133p(문헌사), 141p(청자참외 모양 병_호암갤러리 대고려국보전), 142p(청자상감운학모란국화문매병, 청자상감모란문표형병_호암갤러리 대고려국보전), 145p(삼국사기), 147p(삼국유사), 149p(직지심체요절), 151p(고려 대장경), 155p(철조 석가 여래 좌상, 관촉사 석조 미륵보살 입상, 부석사 소조 아미타 여래 좌상), 156p(대각 국사 의천), 157p(통도사의 장생표), 158p(보조 국사 지눌), 160p(백련사), 163p(소동파의 초상화)

두피디아 51p(공양왕릉의 무신상)